i y i ki **k i t a p** l a r v a r . . .

Sizi mutsuz eden şey dışınızda değil içinizde,

Acı veren hatıraları içinizde tuttukça değil, bıraktıkça rahatlayacaksınız.

Adem GÜNEŞ

TİMAŞ YAYINLARI

İstanbul 2019

timas.com.tr

BIRAK VE RAHATLA
Adem Güneş

TİMAŞ YAYINLARI | 4675
Psikoloji | 83

EDİTÖR
Seval Akbıyık

KAPAK ve İÇ TASARIMI
Yasin Çetin

MİZANPAJ
Nur Kayaalp

1. BASKI
Eylül 2019, İstanbul

ISBN
ISBN: 978-605-08-3070-5

9 786050 830705

TİMAŞ YAYINLARI
Cağaloğlu, Alemdar Mahallesi,
Alayköşkü Caddesi, No: 5, Fatih/İstanbul
Telefon: (0212) 511 24 24

timas.com.tr
timas@timas.com.tr
○ ○ ○ timasyayingrubu

Kültür Bakanlığı Yayıncılık
Sertifika No: 12364

BASKI VE CİLT
WPC Matbaacılık
Osmangazi Mah. Mehmet Deniz Kopuz Cad.
No:17-1 Esenyurt / İstanbul
Telefon: (0212) 886 83 30
Matbaa Sertifika No: 35428

BIRAK VE RAHATLA

Kendi Kendine Terapi

Adem Güneş

Yayına Hazırlayan: Psikolog Selma Şahin

TİMAŞ

Adem Güneş

Adem Güneş 1969'da Ankara'da doğdu.

İlk, orta ve lise eğitimini Türkiye'de tamamladıktan sonra Rotterdam Üniversitesi Pedagoji bölümünden mezun oldu.

Yüksek Lisansını Sosyoloji bölümünde yaptı. Doktora eğitimini Sakarya Üniversitesi Rehberlik ve Psikoloji Danışmanlık Bölümü'nde 'Bağlanma Terapisi' üzerine çalıştı. Süleyman Demirel Üniversitesi'nde Aile Danışmanlığı, ABD'de "Bağlanma Terapisi" eğitimi aldı. WISC-R (WECHLER Çocuklar İçin Zekâ Ölçeği) GESEL, METROPOLİTAN, PEABODY, AGTE Testleri Uygulama, Yorumlama ve Raporlama eğitimleri aldı.

Hollanda'da ve Belçika'da Alternatif Eğitim sistemlerini (Montessori, Waldorf, Reggio Emilia, Ferber) inceledi. Montessori Eğitimi sertifikası sahibi olan Güneş, 'Eğiticilerin Eğitimi' programları düzenledi. İstanbul Bahçelievler'de 20 Devlet Okulu'nun 40 sınıfın Montessori Eğitim Sistemi'ne dönüşmesi projesini yürüttü. Türkiye Bilimsel ve Teknolojik Araştırma Kurumu (TÜBİTAK) tarafından yürütülen Çocuk Erken Tanı Uyarı Sistemi (ÇETUS) projesinde yer aldı. *TRT Çocuk* ve Türk Telekom'da proje danışmanlığı yaptı.

Güneş'in Çocuk Eğitimi yaklaşımı, İngiliz Bristol Üniversitesi'nde araştırma konusu oldu.

Çeşitli dergilerde çocuk eğitimine ait yazılar kaleme aldı, ulusal radyo kanallarında çocuk eğitimi programları yaptı.

Türkiye Çocuk Zirvesi tarafından Çocuk Dostu Ödülü, Medya Etik Konseyi tarafından Aile ve Çocuk Programları Medya Etik Ödülü ve Çanakkale 18 Mart Üniversitesi Senatosu tarafından Fahri Doktora Unvanı verildi.

Adem Güneş Uluslararası Aile Terapisi Derneği (IFTA-International Family Therapy Association), Amerikan Psikologlar Derneği (APA-American Psychological Association), Oyun Terapisi Derneği (APT-Association for Play Therapy) ve Amerikan Danışmanlar Derneği (ACA-American Counseling Association) üyesidir.

Pedagojik Danışman ve Aile Danışmanı olan Güneş halen *Baby&You*, *Mother&Baby* ve *Aktüel Yaşam* dergilerinde yazmaktadır.

Yayınlanmış 21 Türkçe, 2 İngilizce eseri bulunan Güneş, "Çocuğa duyarlılığın artmasının toplumsal iyi oluşa katkı sağlayacağını" vurgulamaktadır.

Adem Güneş evli ve dört çocuk babasıdır.

Yayınlanmış Eserleri:

Türkçe

Cezasız Eğitim

Cezasız Eğitim-2 / Edinerek Öğrenme ve Pratik Uygulamalar

Adım Adım Çocuklarda Cinsel Eğitim

Ergenlik Döneminde 100 Temel Kural

7-14 Yaş Dönemi Çocuk Eğitiminde 100 Temel Kural

0-6 Yaş Dönemi Çocuk Eğitiminde 100 Temel Kural

Çocuk Eğitiminde 100 Temel Kural

Çocuk Neyi Neden Yapar 2

Çocuk Neyi Neden Yapar

Çocuk Deyip Geçmeyin

Aile ile Bağlanma / Aidiyet

Güvenli Bağlanma

Mahremiyet Eğitimi

Doğal Ebeveynlik

Çocukluk Sırrı

Doğru Bilinen Yanlışlar

Pozitif İletişim

Annelik Sanatı

Tatil Sürecinde Çocuk Eğitimi

Rahat Bırakın Beni

Bilmezsen Korkarsın Tabi

İngilizce

The Wonder of Childhood

The Education of Privacy for Children

İÇİNDEKİLER

ÖNEMLİ

Bu kitap eklektik yöntemle hazırlanmış bir

Duygusal Farkındalık

(Emotional Awareness)

çalışmasıdır.

Kitapta geçen bilgiler ve uygulamalar bir tedavi değil, farkındalık içerir.

Psikolojik sorunların tedavisinde uzman desteği alınmalıdır.

Kitapta anlatılan uygulamalar

www.ademgunes.com

web sitesinde ve

YouTube'da, "Pedagoji Okulu"nda

videolar ile desteklenmiştir.

Uygulamaları doğru bir şekilde yapabilmek için, kitabın içinde QR kodla verilen "Kendi Kendine Onarım Eğitim Videoları"ndan da destek alınması önerilir.

- 1. BÖLÜM -

öykümüz çocukluk yıllarında başladı

Ankara'da doğdum, Ankara'da büyüdüm...

Orta düzeyde geliri olan bir ailenin çocuğu idim...

Babam, kendi halinde, dürüst, mütevazi bir taksi şoförü, annem sevgi dolu bir Anadolu kadını...

Çocukluk anılarım sokakta oynadığım oyunlarla dolu... Yola koyduğumuz iki taşın arasındaki kale direklerinin önünde, aşağı mahallenin çocukları ile top koşturmak... uçurtma uçurmak... misket biriktirmek...

Babam ben henüz 14 yaşında iken vefat etmişti...

Çocuktum...

Ölümcül bir hastalığını bizden gizlediğini bilmiyordum...

Sürekli hastaneye gidip geliyordu...

Bense babamın hastane işleri bitince bana alacağı bisikleti bekliyordum...

Aslında hâlâ bekliyorum...

Sanki babam bana bir gün bisiklet alacak gibi hayal ediyorum...

Gerçekçi olmasa da beklentim bu, kaybetmek istemiyorum...

Hayal kırıklığına düşmek yerine bu **'çocuksu duygumu'**[1] yaşatmak istiyorum...

Babamın vefatı yaşamımda işittiğim ilk 'gonk' sesi oldu...

Birkaç akşam fark etmedim gerçekten vefat ettiğini...

Onun ölümünü değil, bisikletimin ne olacağını düşünüyordum...

Babam sanki, birkaç gün sonra zaten gelecek gibiydi...

Ancak gerçeğin soğuk yüzü çok geçmeden göründü...

Arabası evin önünde bu kadar uzun süre hiç kalmamıştı... ve evin bu sessizliği çok can sıkıcıydı...

Babamın ısrarla gelmemesi sinirlerimi bozmuştu...

Vefatında şaşkın gözlerle etrafımda ağlayan insanları seyreden ben (ve aslında geçirdiğim bu travma[2] sırasında "Aferin, ne kadar da akıllı çocuk, hiç ağlamıyor..." diye başı okşanan ben) üçüncü günün akşamı artık dayanamayıp sağa sola saldırmaya, ağlamaya başladım...

İçimde tuhaf bir **daralma** vardı...

---

1) İnsanın bir dönem yaşadığı ve fakat yıllar içinde geride kalan 'pozitif' duyguları, o bireyin onarımına katkı sağlar. Bu duygulara 'referans duyguları' diyoruz. Referans duygularının onarım sürecine nasıl katkı sağlayacağı kitabın ilerleyen bölümlerinde detaylıca ele alınacak.
2) Yıllar sonra öğrendim ki, bir çocuğun babasının ölümü, sadece bir bireyin ölümü değildi... umutların ölümü... duyguların bir kısmının ölümüydü...

Kabul etmek zor geldi babamın yokluğunu...

Kalbim şişiyordu sanki...

Bağırıp çağırdığımı, ne dediği belli olmayan cümleler kurduğumu hatırlıyorum o akşam...

Arada bir babama kızıyordum, güvenimi kırmıştı; "Bana bisiklet alacağını söylemiştin, yalancı..." diye bağırıyordum[3]...

Sanki kızgınlığımı duyacak, kendisini savunmak için bir yerden çıkıp gelecek, tebessüm eden siması ile "Alacağım, alacağım bağırma öyle..." diyecek gibi bir his vardı içimde...

Ama olmadı...

Son çırpınışlarım boşa çıktı...

Ne yapacağını bilmez bir vaziyette pencerenin önüne oturdum...

Ölümün soğuk yüzünü seyrettim, camın kenarında... "Acıyı duymamak için" yoldan geçen beyaz arabaları saydım saatlerce...

Babamın ölümüyle "duygularımı bastırmayı" öğrendim... Artık hayatta daha güçlü olabilecek bir araca sahip olmuştum[4]... Duyarsızlaşmayı öğreniyordum adım adım...

---

3) Yaşadığım bu duygusal boşalmanın Travma Sonrası Stres Bozukluğu olduğunu öğrendiğimde, çocukluk resimlerime bakıp o anlaşılmayan halime epeyce hüzünlendim. Yaşadığım duygularla nasıl baş edeceğimi el yordamıyla öğreniyordum... Halbuki, o an duygularımı nasıl yöneteceğimi bilmeye ne kadar da çok ihtiyacım varmış.

4) O gün, duygularımı -nasıl yöneteceğimi bilemediğim için- bastırdığımı, kendimi duyarsızlaştırdığımı yıllar sonra öğrendim. O zaman, bastırılmış

İlk Uçak Yolculuğum

İlk uçak yolculuğumu 23 yaşında yaptım... Benim için heyecan verici bir deneyimdi... Gökyüzünde olmak, bembeyaz bulutların üzerinde gezinmek, çocuk gibi sevindirmişti beni...

Keyifle geçen bu yolculuktan sonra iki yıl hiç uçağa binmedim...

İki yıl sonra yeni bir yolculuğa çıkmam daha gerekiyordu... Ancak bu sefer içimde garip bir **'direnç'**[5] hissettim... **'İçimde bir ses'**[6] bu yolculuğa çıkmamam gerektiğini, çıkarsam uçağın düşeceğini söylüyordu... Yolculuğa birlikte çıkacağım herkes mutluydu, tatil planları yapıyordu... Bense onların bu yolculukta başlarına neler geleceğini zihnimde yaşıyor, onları seyrederken garip bir duyguya kapılıyordum... (Yıllar sonra bu direncin bilinçaltımın beni koruma çabasından kaynaklandığını 'fark ettiğimde,' kendi onarım sürecim başlayacaktı...)

Günler geçiyor, uçuş tarihi yaklaşıyor, kalbimdeki tuhaf çarpıntı gün geçtikçe artıyor, içim daraldıkça daralıyordu...

Sonunda içimdeki bu **daraltıyı** yakın bir arkadaşımla paylaştım... Güldü, "Ölümden mi korkuyor-

---

duyguların yıllar sonra daha kuvvetli biçimde ortaya çıkacağına dair tabii ki hiçbir bilgim yoktu.

5) Direnç; içsel reddediş. Bilinçaltının, bireyin bir davranışı yapmasına engel olmak için içsel huzursuzluk hissettirmesidir.

6) İç sesler, 'direnci kuvvetlendirmek için' akla gelen kaygılı düşüncelerdir.

'Psikolojik problemler 'iman zayıflığı' diyerek basite alınmamalıdır...

sun..." dedi. "İnsan kaderinde ne varsa onu yaşar, korkma," diye nasihat etti...

Beni anlamamıştı... yaşadığım şey korku değildi... Anlam veremediğim bir **bunaltı** yaşıyordum...

Arkadaşımla aramda geçen bu konuşma beni rahatlatmaya yetmedi...

Birkaç gün sonra düşüncelerine önem verdiğim, benden yaşça büyük bir kişiye daha açtım konuyu... O da; "iman zayıflığı" diye kestirip attı... Gençliğimin en zayıf zamanında işittiğim bu söz beni **güçlendirmek**[7] yerine, daha da huzursuz etti...

Yolculuğa çıkacağımız günün gecesi sabaha kadar defalarca sıçrayarak uyandım... uykumun en derin yerinde bir **'boşluğa düşüyor gibi hissediyor'**[8] ve çırpınarak uyanıyordum...

Sabah havaalanına gitmek üzere erkenden yola çıktım...

---

7) Psikolojik zorluk yaşayan birinin ihtiyacı olan şey, yaşadığı zorlukla baş edebilecek güce erişebilmesi için gerekli düşünsel ve/veya duygusal destektir.

8) Bireyin rüyada bir boşluğa düşer gibi hissetmesi, yaşadığı zorluk karşısında genellikle, kendini (duygusal olarak) 'yalnız ve güçsüz' hissetmesinin dışavurumudur.

Havaalanına vardığımda kalbimin daralmaya başladığını hatırlıyorum... İçeri girdim... Anonslar arasında, kalabalığın içinde, uçağın kalkacağı perona doğru gönülsüzce ilerledim durdum...

Sanki o an orada değildim, her şeyi **'hayal dünyasında'**[9] yaşıyor gibiydim...

Kalbimdeki daralma arttıkça artıyor, perona doğru ilerleyen insanları seyrederken, içimde "herkes ölüme gidecek" diye sesler işitiyordum...

Sanki kader onları bir uçağın içinde buluşturup ölüme götürecekti...

O an biri elimden tutsa ve "Hayır, binme!" diye beni çekip götürse rahatlayacaktım...

Ama olmadı... Önümdeki sıra ile birlikte ilerleyerek uçağa bindim...

Birkaç yıl önce sevinçle bindiğim bu araç şu an benim katilim gibi duruyordu...

Valizlerini yerleştiren insanlar...

Ağlayan bebekler...

Emniyet kemerini takıp hemen uykuya geçmek için başını cama yaslayanlar...

Sanki onların bilmediği bir şeyi biliyormuşum gibi, garip bir duygu ile insanları seyrederek koltuğuma oturdum...

---

9) Kaygı, belli düzeyin üzerine çıktığında birey 'farklı bir bilinç hali' yaşar. Bu hal, gerçek yaşamın dışında, hayal ile rüya arasında bir algıdır.

Uçağın camından dışarıyı seyretmeye koyuldum... gözüm kanatlara takıldı... kanatlarda gevşemiş bir vida, kırılmış bir mekanik aksam, gözden kaçan bir ayrıntı var mı diye incelemeye başladım... Anonslar, ding-dong sesleri, hosteslerin acil çıkış talimatları...

Ve sonunda uçağın dev gövdesinin kıpır kıpır hareket etmesi kaygılarımı zirveye çıkarmıştı...

Uçağın tekerinin her bir hareketini sezecek kadar hassaslaşmıştım...

Kalkış pistine gelip son hızla takur tukur hızla yol almaya başladığımızda artık içimde bir şeylerin koptuğunu somut olarak hissettim...

Gözlerimi sıkı sıkıya kapattım, dişlerimi sıktım, koltuğa koparırcasına yapıştım... Tam 3 saat boyunca hiç kımıldamadan aynı pozisyonda öylece kalakaldım... Ne hostesin yemek teklifine cevap vermeye, ne de camdan dışarıya bakmaya cesaretim kalmıştı... Uçağın inişe geçtiği anonsunu duyuncaya kadar ellerimin uyuştuğunu, dişlerimi sıktığımı, çenemin ağrı içinde kaldığını hissedemedim...

Sonunda yere indik inmesine ama, aklıma dönüş yolculuğu düşünce tatilin tadı kaçtı...

Bu yolculuk **uçuş fobimin**[10] tetiklendiği yolculuk olarak hayatımda yerini aldı...

---

10) Uçuş fobisi (Aviofobi), en ağır fobilerdendir. Tedavisi zor ve uzun sürelidir. Uçuş fobisi, tedavi edilmediğinde panik atağa, kapalı alan fobisine (klostrofobi) dönüşebilir, kalp krizini tetikleyebilir.

Artık benim için uzun yola çıkmak ölümle aynı anlama geliyordu...

Kendini Onarmak

Uçak fobimden kurtulmak hiçbir zaman birinci gündemim olmadı...

Terapi süreçleri çok uzun ve masraflı idi...

Bir psikiyatr ile görüşüp antidepresan almak da istemiyordum... o da çözüm değildi...

Bu yüzden sürekli **bahaneler**[11] bularak onarım sürecimi öteledim... Zaten gündelik yaşamımda sürekli uçak yolculuğu yapan bir kişi de değildim...

Bu gelgitler içinde yıllar geçti...

Fobim diplerde bir yerde öylece saklı kaldı...

Uyandırmadıkça uyanmıyor, beni rahatsız etmiyordu...

Yıllar sonra insanların psikolojik sorunlarının pedagojik kökenlerini araştıran bir uzman olmuştum...

Kitaplar yazıyor, radyo ve televizyon programlarıyla insanlara pedagojik tavsiyelerde bulunuyordum...

Bir gün 'uçak fobisi' olan bir kişi ile karşılaştım.

Orta yaşlarda bir iş adamıydı...

---

11) Onarılmaya karşı direnç, akılcıl desteğini kendi oluşturduğu **bahanelerden** bulur. Bu sayede birey içsel sorunlarını yok sayarak rahatlar.

Uçak fobisi nedeniyle yaşamının nasıl alt üst olduğunu anlattı...

Ticari görüşmeler için yolculuk yapamadığını, eşiyle tatile gidemediğini... çocuklarına dünyayı tanıtmak gibi bir hayalinin olduğunu, ancak bunu gerçekleştiremediğini söyledi...

Kendisini şaşkınca dinledim...

Yardım istemeye geldiği kişide de uçak fobisi olduğunu duyduğunda acaba ne hissedecek diye tebessüm ettim...

Konuşması bittiğinde, "Sizi çok iyi anlıyorum," dedim. "Bende de uçak fobisi var..."

Beyefendinin yüzünde anlamsız bir ifade belirdi. "Nasıl yani?" dedi.

Durumu anlattım.

Biraz tebessüm ederek biraz açık sözlülüğüme şaşırarak beni dinledi... Kendisini neden çok iyi anladığımı anladı.

Sonunda, kararsız bir ses tonu ile "Peki ne yapacağız şimdi..." dedi.

"Kendimizi onaracağız..." dedim.

Uçak fobisi bireyin yaşamını kısıtlayan bir problemdir...

İlk Adım; Farkındalık

Uçak fobisi olan beyefendi, sağa sola başvurarak yardım arıyordu, çünkü bu **duyguyu** tek başına aşamayacağını fark etmişti... Aslında fark ettiği şey; **belli ortamlarda** (uçağa bindiğinde) **duygularını yönetemediği**[12] ve **bedeninin duygularının kontrolüne girip**[13] istemsiz kasılmalar yaşadığı idi...

Peki, akıl her duyguyu yönetebilir mi? Bir başka şekilde soracak olursak; zihin hangi duyguları yönetemez?

Zihin, bastırılmış duyguları yönetemez...

Çünkü duygular bastırıldıkça güçlenir...

Zihin, sadece gelişimi normal devam etmiş duyguları yönetebilecek yeteneğe sahiptir...

Olumsuz bir durum karşısında çocuk susuyor, konuşacaklarını içine atıyor, hırsını dişlerini sıkarak bastırıyorsa, bastırdığı duygular gün geçtikçe yönetilemez hale gelecek ve böylesi bir kişi yetişkinlik yıllarında ya öfkesini yönetemeyecek ya duygu durum bozuklukları ile karşılaşacaktır...

---

12) Psikolojik problemlerin en belirgin özelliği, duyguları yönetememektir.
13) Bastırılmış duygular, yıllar sonra güçlenir. Kişi artık daha fazla bastıramadığı duyguları yönetemez hale geldiğinde, bedenini de yönetemez hale gelir... Gece diş sıkmaları, gergin vücut yapısı, gergin bir sima bireyin artık kendi vücuduna olan hakimiyetini kaybedip duyguların bedene adım adım hakim olduğunu gösterir. Sadece fobilerde değil, aynı zamanda 'öfke kontrol bozukluğu'nda, 'kaygı bozukluğu'nda, 'duygu durum bozukluğu' ve 'obsesif kompülsif bozukluk'ta da birey bedeninin kontrolünü duygularına kaptırır... Ne kadar çok çabalarsa çabalasın bedenini tekrar kontrol altına alması zorlaşır...

Bu konuyu biraz daha açabilmek için sevgili babamın vefat ettiği döneme geri dönmeliyiz...

Babam vefat ettiğinde ben duygularımı nasıl yöneteceğimi bilmiyordum...

Kalbimde nefes almamı zorlaştıran bir **"daralma"** hissediyordum, ancak etrafımdaki kimse yaşadığım bu daralmayı nasıl yöneteceğim konusunda bana yardımcı olmuyordu... Hangi duyguyu yaşayacağımı şaşırmış halde ortada dolaşıyordum, biri çıkıp da bana "Ağlamak istiyorsan ağla, bastırma kendini" demiyordu...

Geri dönüp baktığımda o dönemde zaten çevremdeki insanların pedagojik farkındalığının da pek yüksek olduğunu göremiyorum...

Halbuki çocuk eğitiminin en önemli iki konusundan biri, çocuğa, "zorda kaldığı sırada duygularını yönetmeyi" öğretmek... Bir diğeri de sosyal yaşama ait "davranış eğitimi" vermekti...

Babamın vefat ettiği günün akşamında, kalbimde yaşadığım sızının adı neydi bilmiyordum... O sızıyı hissederken ağlamalı mıydım, derin nefes mi almalıydım, oyalanmalı mıydım, uyumalı mıydım bilmiyordum ki...

Henüz 14 yaşında bir çocuktum...

Duyguların acı verici eylemleri karşısında ne yapmam gerektiğine dair hiçbir tecrübem yoktu...

Organizmam (bilinçaltım) kendi çözümünü kendi üretmişti... Yoldan geçen beyaz arabaları sayarak acılarımı bastırmaya yönlendiriyordu beni... Kalbimdeki sızıyı bastırmak için **oyalanmayı**[14] öğreniyordum...

Hangi çocuk olursa olsun baş edemeyeceği bir duyguyla karşılaştığında, bilinçaltı, acıların daha derine inmesine engel olmak için o çocuğu oyalanma davranışına yönlendirir... Böylece acı bastırılmış olur...

Anne babası kavga eden bir çocuğun kenarda bir yerde bebeği ile oynayıp şarkı söylemesi çocuğun çok mutlu olmasından değil, duygularını bastırmaya çalışmasından dolayıdır.

Zavallı ben de öyle yapmışım...

'Oyalanma davranışı' sadece çocuklarda görülmez...

Duygusal problemleri olan yetişkinler de acılarını 'sürekli' bastırmak için oyalanma araçlarına tutunurlar...

---

14) **Oyalanma davranışı,** duygu dünyasında acı duyan kişinin, bu acıları hissetmemek üzere yöneldiği davranışlardır. Kişi, çocukluk döneminde içinde hissettiği sıkıntıları nasıl yöneteceğini öğrenmemiş ise karşılaştığı acıları duymamak için oyalanma davranışlarına yönelecektir. Oyalanma davranışları her zaman zararsız davranışlar olmayabilir. Çocuğun duyguları ne kadar hassas ise, yöneleceği oyalanma davranışı da o denli büyük olur. Örneğin, arkadaşları tarafından sürekli dışlandığını düşünen bir çocuğun oyalanma davranışı arkadaşlarının eşyasını çalma şeklinde ortaya çıkabilir... Ergenlik döneminde cinsel haz arayışı ile kendini sorunlardan uzak tutabilir... Korku filmleri, melankolik müzikler, öfkeli gruplarla işbirliği, sigara gibi yasak eylemlerin verdiği heyecanlar da içsel acıları bastırmak üzere sıklıkla başvurulan oyalanma davranışlarıdır...

Çocukluk yıllarından itibaren yaşanılan her his, duygu dünyasında bir birikinti halinde toplanır...

Bu bazen telefon, bazen televizyon, bazen internet, bazen alışveriş, bazen gezmek, bazen sürekli konuşmak şeklinde görülür...

Birey 'sürekli' kendisini meşgul ederek içsel huzursuzluklarını baskı altında tutar...

Kendini oyaladığı araçlar elinden alınacak olsa daralır... bunalır... çatacak yer arar...

Oyalanarak duyguları bastırmak çocukluk yıllarında öğrenilen, yetişkinlikte devam eden bir **duyarsızlaşma aracıdır**...

Anne babasının kavgasına şahit olan bir çocuğun bir köşeye çekilip oyuncakları ile oynaması, mutlu olduğundan değil, kalbinde hissettiği acıyı bastırmak için oyunu bir oyalanma davranışına dönüştürmesindendir...

Veya yaşadığı bir tacizin aşağılanmışlığını unutmak için çocuğun kendini okula, derse, eğitime vermesi, aşağılanmışlığını hissetmemek için oluşturduğu bir **oyalanma davranışıdır**...

Ya da, gece altını ıslattığını fark eden bir çocuğun, annesinin bağırmasının şiddetini hissetmemek için vurdumduymazca hareket etmesi... gün içinde, aklına, kendisinin alt ıslatan bir çocuk olduğu düşüncesi geldikçe kardeşine çatması, onun canını yakması, akşam saati yaklaştıkça 'şımarıkça davranışlar' sergilemesi, yaramaz bir çocuk olduğundan değil, içindeki huzursuzluğu bastırmak içindir...

Oyalanma davranışları, bir **bilinçaltı** savunma aracıdır...

Bu sayede birey zorluk çektiği duyguların içselleşmesini önler, acının bedene yayılmasını durdurur...

Oyalanma davranışları 'anlık' olarak işe yarasa da, organizma bu sayede **'duyguları yöneterek güçlenmek'** yerine **'acıdan kaçmayı'** öğrenir...

Çocukluk çağında acıları bastırmak için öğrenilen bu davranış, yetişkinlik yıllarında da devam eder...

Böylesi bireyler problemle yüzleşmek yerine yokmuş gibi davranarak kaçmayı... sorumluluk alarak problemi çözmek yerine, ötelemeyi, geciktirerek yok saymayı ... duygularını özgürce yaşamak yerine, yüzeysel temaslarla geçiştirmeyi kişiliğinin bir parçası haline getirmek zorunda kalırlar...

Uçak fobisinden kurtulmak için yardım isteyen beyefendiye dönecek olursam, aslında o da yıllarca bastırdığı duygularını, bir uçak yolculuğunda yaşadığı korkudan sonra bastıramaz hale gelmiş, kaygı o an bütün bedenine yayılarak fobiye dönüşmüştü...[15]

Kendisine uçuş anında bu yoğun kaygıdan kurtulmak için ne yaptığını sorduğumda, "O an zaten bir şey yapamıyorum... ne duygularımı ne de **bedenimi** yönetebiliyorum... kilitlenip kalıyorum... sanki kalbim bütün bedenimi ele geçiriyor, çaresizce kasılmalar yaşıyorum..." dedi.

Gözlem doğruydu...

Beyefendi, yönetmekte zorluk çektiği bir duygu yaşadığında kasılıyor, kendini sıkıyor, duygularını bedenini kullanarak bastırmaya yöneliyordu...

Halbuki bu durumdan kurtulması için yapması gereken şey **'kendini bırakmak'tı**...

'Bastırarak güçlendirdiği' duygularını 'normalleştirebilmesi' ve **'ruhsal özgürlüğünü yeniden elde edebilmesi'** için bu beyefendi;

1- **Kaslarını bırakmayı**...

2- **Duygularını bırakmayı** öğrenmeliydi...

Nasıl ki, **'bastırmak'** duyguların güçlenmesine neden oluyorsa, **'bırakmak'** da bastırılarak güçlenmiş duyguların normalleşmesini sağlar.

---

15) Bastırılan duygular bir öbek gibi organizmada topluca durur. Bastırıldığı sürece rahatsızlık vermez. Ancak bir korku, panik veya yüksek kaygı anında bu öbek hisler kontrolsüzce bütün bedene yayılır. Organizma artık bu hisleri öbek halinde bastıramadığı için bütün bedeni kontrol altına almaya çalışır. Fobi sırasında bireyin bedenini kontrol edememesinin sebebi, yıllarca bastırdığı hislerin bütün bedene yayılmış olmasıdır.

Bastırılarak güçlenmiş duygular, bir tehdit algısında birden aktifleşir... Bireyi savunma pozisyonuna geçirir... Bedenin kontrolü aklın yönetiminden çıkar, hisler bedene hakim olur...

Bu, öfke anında da böyledir, kaygı anında, takıntılarda da...

Temizlik takıntısı olan biri, ellerini ne kadar yıkarsa yıkasın, yine de temiz hissedemez... Çünkü, yıkanan şey bedene aittir, kirlilik hissi ise duygulara ait... El ne kadar yıkanarak temizlenirse temizlensin, hisler yıkanarak temizlenemez... Hissin kökeni olan duygu değişmedikçe kişi ellerini yine kirli hissedecektir... Böyle bir problem yaşayan birey, ellerini yıkadıkça problemden kurtulamayacağını, ellerini yıkamakla değil hislerini değiştirerek problemden kurtulacağını bilmelidir...

Veya öfkeli bir birey, bastırdıkça öfkesinin daha da güçleneceğini bilmeli, bu duygudan kurtulmak için bastırmayı değil, kendini bırakmayı öğrenmelidir...

Kitabın ilerleyen sayfalarında kendini bırakmanın ne olduğunu ve nasıl uygulanacağını adım adım bulacaksınız...

Uygulamalara geçmeden önce yaptığımız bu paylaşımlar ne kadar anlaşılırsa, seanslarda yapılacak pratik egzersizler ve o egzersizlerin onarıcı etkisi o denli yüksek olacaktır...

O yüzden bilgilenmeye biraz daha devam edelim...

Duyguların Hafızası

Çocukluk yıllarından itibaren yaşanılan her his, duygu dünyasında bir **birikinti** halinde toplanır...

Bu **his birikintisine "bilinçaltı"**[16] diyoruz...

Bilinçaltındaki hisler normalde pasiftir. Ancak olumsuz bir durum oluştuğunda uyanır ve bireyin **'bedeninde'** aktifleşirler...

---

16) İnsanda üç bilgi deposu vardır.
1- **Zihinsel Hafıza (veya Bilinç)**; Yaşanılan her olayın **davranış boyutu** zihnimizdeki **nöronlardan** oluşan devasa **beyin devrelerine** kayıt olur. Bu kayıtlar **sinapslar** aracılığıyla birbirleriyle etkileşim kurarlar. Sinapslar bir kablo gibi, beyin devreleri arasında veri transferi yapar. Sinapslardaki etkileşimin enerjisi **'hisler'**dir... Geçmişte yaşanılan bir olayda, eğer duygu ve his kullanılmış ise, kaydedilen bilgi bir başka bilgiyle etkileşim kurabilecek özelliğe sahip demektir. Eğer yaşanan bir olayda duygular ve hisler kullanılmamış, bastırılmış ise, o olayın kayıt edildiği beyin devreleri'nin enerji kaynağı da oluşmamış demektir. Bir başka deyişle beyin devreleri'nin birbirleriyle bilgi alışverişi yapabilecek ağları oluşmamış demektir. Bundan dolayı kaygı ile yaşanılan bir olay, duygusal yoksunluk içinde geçen günler, çocukluk yıllarında yaşanan ilgisizlikler, bireyin geçmişini hatırlayamamasının temel sebebidir. Hatıralarda duygu ve his yoksa, geriye dönük hatırlamalar da olmaz.
2- **Duyguların Hafızası (veya Bilinçaltı)**; Yaşanılan her olayda hissedilen duygular, zihinde, yani bilinç düzeyinde değil ayrı bir yerde birikir. Bu yer, duyguların hafızasıdır. Bir başka deyişle, **bilinçaltıdır**. Bilinçaltı; hislerin birikintisiyle oluşur. Görevi; olaylar sırasında yaşadığı hislerden edindiği tecrübelerle bireyi yaşamda tutmaktır. Bilinçaltında biriken hisler, kaygı durumunda aktifleşir. Bireyin zihnini ve bedenini çok güçlü bir enerji ile kontrol altına alır. Kişi her ne kadar bilinçaltıyla oluşan bu davranışlarına anlam veremese de, onlardan kurtulmak istese de bilinçaltının baskısından kendisini kurtaramaz.
3- **Kas Hafızası**; İnsan, uzunca süre hangi duygu içinde yaşadıysa, o duyguyu yaşarken oluşan kas duruşu kişinin fizyolojik yapısında kalıcı hale gelir. Her ne kadar bugün aynı duyguları yaşamıyor olsa da kas hafızası, kasıldığı hali ile öylece etkinliğini sürdürür. Yaşadığı acılarla suratı çöken bir yaşlı adam, bugün artık eski acıları taşımıyor olsa da siması mutsuz görünmeye devam edecektir. (Katkılarından dolayı Sinirbilimci Prof. Dr. Sinan Canan'a teşekkürler)

Onarım, bireyin geçmiş yıllarda 'birikmiş olumsuz hislerden' kurtulması, bu sayede bir iç genişliği elde etmesidir...

Bunlar genellikle, göğüs kafesinde sıkışmalar, boğazda yoğunlaşmalar, karın bölgesinde kasılmalar ve kalpte daralmalar şeklinde ortaya çıkar...

Bu bölgelerdeki huzursuzluk hissi, bilinçaltının aktifleşmesi ile organizmanın savunma pozisyonuna geçmesidir...

Savunmalar, genellikle saldırgan davranışlar şeklinde görülür...

Özetle, çocukluk yıllarında duyguların zarara uğramasıyla oluşan yetişkinlikteki bunaltı, şu kısır döngü şeklindedir;

1. Yaşanılan bir olumsuzluk bilinçaltı hislerini uyarır.

2. Bilinçaltı, fizyolojide oluşturduğu huzursuzluk ile savunma pozisyonuna geçer.

3. Organizmanın kendini savunması saldırganlık şeklindedir. Bu saldırganlığın adı öfkedir.

4. Öfke duygusunun dışavurumu bağırma, hakaret, aşağılama, fizyolojik, psikolojik veya duygusal şiddettir. Bilinçaltı, bu sayede kendisine olumsuz

his veren kişiyi veya durumu etkisiz hale getirmeye, bastırmaya, yok etmeye girişir... Kendisine yönelen olumsuzluktan kurtulacağı ve rahatlayacağı yanılgısı içindedir...

5. Öfkenin şiddeti çocukluk yıllarında duyguların uğradığı zararın şiddeti kadardır...

Bu açıdan bakıldığında, öfkeli bir bireyin ortaya koyduğu çılgınca davranışlar, 'çocuklukta hassaslaşmış duyguların' bireyi acı içinde kıvrandırmasından başka bir şey değildir...

Bu acılar, bazı bireylerde **kalpte daralma** hissi, bazılarında **omuzlarda kasılmalar**, bazılarında **göğüste sıkışmalar** ve **karın ağrıları** şeklinde kendini gösterir...

Farklılık, her bireyin kendi çocukluk döneminde yaşadığı duygusal zorluklar sırasında ortaya koyduğu (veya koyamadığı) davranışlarla ilgilidir...[17]

---

17) 1- Omuz, boyun, baş bölgesinde kasılma... Çocukluk yıllarında psikolojik veya fizyolojik şiddete maruz kalmış kişilerin yetişkinlik yıllarında bu bölgelerde kasılmalar oluşur. Böylesi kişiler, aldıkları bir olumsuz his ile dişlerini sıkar, omuzlarını oynatır, başlarını sağa sola yatırarak rahatlama ihtiyacı hissederler. Bunun sebebi, çocukluk yıllarında maruz kalınan fizyolojik şiddet sırasında, organizmanın başı korumak için omuz ve boyun bölgesinde savunma hislerini yoğunlaştırmasıdır. 2- Göğüs ve boğaz bölgesinde sıkışma... Çocukluk yıllarında maruz kalınan haksızlıklar sırasında çocuğun kendini sözel ifadelerle savunmaya çalışmasına izin verilmemesi ve susturulması ile boğazda oluşan düğümlenme, göğüste oluşan sıkışmalardır... 3- Karın kaslarında ağrılar... Çocukluk yıllarında yaşanılan aşağılanmışlıklar sırasında çocuğun edilgenleşip hiçbir tepki veremeden bütün aşağılanmışlıkları içselleştirmesi ile oluşan ağırlıklardır... Yukarıda bahsedilen durumlar bu üç bölgeyi hassas hale getirir... Yetişkinlik yıllarında benzer zorluklar yaşandığında, organizma yine bu üç bölgede kasılmalar ve ağrılar oluşturarak bireyi savunma pozisyonuna geçirir...

Ancak birçok kişi yaşadığı bu ağrıların kökeninin çocukluk yıllarına dayandığının farkında değildir... Genellikle içte hissedilen baskının şiddetinin, yaşanan olayın büyüklüğünden kaynaklandığı zannedilir...

Halbuki, onarılmaya ihtiyacı olan kişinin içinde yaşadığı baskı her zaman karşılaştığı olayın büyüklüğü kadar değildir...

Eğer birey, baş edilmesi güç bir durumla karşı karşıya ise organizma (bilinçaltı), kendi içinde bir kısırdöngü halinde, baskının şiddetini artırmak için bireyin iç seslerini uyandırır; "Bu ne biçim hayat... beni ne zaman düşündü ki... bu böyle giderse yarın başıma çıkar... beni hiç adam yerine koymuyor..." Böylelikle birey, acısının şiddetini artırır... Kendini baş etmekte zorluk çektiği duruma veya kişiye karşı daha güçlü hale getirmek için kendine **negatif enerji**[18] yükler...

Bu durumu bir örnek üzerinden adım adım anlatacak olursak;

1. Telefon ettiği halde eşine bir türlü ulaşamayan kişinin kendini kötü hissetmesi, içinde hassaslığını taşıdığı (örneğin) "değersizlik" hissini uyandırır.

---

18) Negatif Enerji; olumsuz duygulardan güç almak... kaygı, öfke, kin, nefret, kıskançlık gibi negatif duygular organizmaya ekstra güç verir. Kişi adeta doping etkisi ile hızlanan sporcu gibi olur. Dopingin etkisi geçtiğinde vücut kendini çökmüş, tükenmiş ve huzursuz hisseder. Pozitif enerjinin (yaşama sevincinin) kökeni ise değerlilik hissidir. İnsan kendini değerli hissettikçe enerjisi artar, şarkı söyler, spor yapar, kitap okur... Pozitif enerji, değerlilik hissi devam ettiği sürece tükenmez.

2. Değersizlik hissi, duyguda olumsuz çağrışım yapıp kişide kendisine değersizce davranılmasına yönelik **öfkeyi uyarır.**

3. Öfke, kişiyi karşı tarafın olumsuz tutumunu devam ettirmemesi için saldırganlaştırır. Saldırganlığın amacı, o an duygularda hissedilen acıyı dindirmek üzere kendisine kötü davranan kişiyi bastırmak, ezmek, kendisinde değersizlik hissi uyandıran kişiyi aynı davranışı tekrar edemeyecek hale getirmektir.

4. Bu amacına ulaştığında **organizma rahatlar, kendini güvende** hisseder.

Normalde, **çocukluk yıllarında değersizlik hissi tatmamış bir kişi, böyle bir durumda kendini kötü hissetmez...** Eşine ulaşamadığında, bunun mantıklı sebeplerini görüp kendini değersizlik hissine sürüklemez.

Organizmanın kendini **güvende** hissetme ihtiyacı her zaman saldırganlık şeklinde görülmez...

Örneğin benim yaşadığım uçak fobisinde de bilinçaltım kendini uçağın içinde **güvensiz** hissediyor, ancak saldırganlık duygusu oluşturmak yerine, uçaktan uzak tutmaya... uçağa binmiş isem de uçaktan çıkarmaya zorluyordu...

Geçmişten bu yana içeride biriken olumsuz hisler bireyde iki belirgin davranışı yol açar:

1. Ya olumsuz bir durum karşısında saldırganlaştırır.

2. Ya da olumsuz bir durum karşısında kaçındırır. (Karşılaşılan bir zorluk sırasında bireyin uyumaya yönelmesi... problemle yüzleşmekten kaçınması... yapacağı işi ertelemesi...)

Onarım, bireyin geçmiş yıllarda **'birikmiş olumsuz hislerden'** kurtulması, bu sayede bir iç genişliği elde etmesidir...

Olumsuz hislerden kurtulmak, ancak o hisleri **bırakmak**[19] ile mümkündür... Bunun nasıl yapılacağını egzersizler bölümünde göreceksiniz...

Geçmiş yıllardan bu yana yaşadığımız olumsuz hislerin içimizde birikmesinin sebebi benzer durumlar oluştuğunda kendimizi savunabilmektir. Bir başka deyişle, yaşadığımız olumsuz hisler, bugün elimizde tuttuğumuz savunma davranışlarının kökenidir. Organizmanın bunu kolaylıkla bırakmak istememesinin nedeni, içindeki kötü hisleri bıraktığında kendini savunmasız hissedeceğini zannetmesidir.

Bu açıdan bakıldığında, bireyin duyguları geçmişten bu yana ne kadar çok zarara uğramışsa o birey o kadar **tepkisel** ve **savunucudur**.[20]

---

19) Organizma, olumsuz hisleri kendi üzerinde tutarak savunma duyguları geliştirmeye eğilimlidir. Yaşanan her olumsuzluk, duygularda hassasiyete, her hassasiyet savunmanın güçlenmesine sebep olur. Birey, onarılmaya olan ihtiyacı ne kadar fazla ise, o denli tepkisel ve savunucudur... Psikolojik olarak sağlam bir kişi karşılaştığı olumsuz olaylardan daha az etkilenir. Ancak, kişinin olumsuz olaylardan etkilenmesi **duyarsızlaşılarak** azaltılmış ise, bu da başlı başına bir sorundur... Hedef, bireyin duyarlılığını koruyarak olumsuz olaylardan etkilenme düzeyini azaltmasıdır... Duyarlı ve etken bir insan olmasıdır... Bu duygu durumu, onarım sırasında elde edilecek **iç genişliği** ile mümkündür...

20) Savunma davranışlarımızın kökeni, duyguların üzerinde biriken olum-

Bir kişinin kindarlığa yatkın olması, o kişi böyle dünyaya geldiği için değil, geçmişten bu yana yaşadığı olumsuzlukların bilinçaltında birikmesinin sonucudur... Ya da bireyde, öfke hissinin varlığı, nefret hissinin kolay canlanması, kendini savunabilmek için organizmanın biriktirdiği olumsuz duygulardandır...

Kişi bu gerçeğin farkında değilse, bütün bir yaşamını olumsuz duyguları içinde taşıyarak geçirdiğinin de farkında değildir...

Ancak belki de işin en trajik yanı şudur, kişi bunu fark etse bile, bilinçaltında birikmiş bu olumsuz hislerden kurtulmak 'sadece' fark etmekle mümkün değildir. Daha önce de belirttiğimiz gibi, akıl sadece normal duyguları yönetebilir; zarara uğramış duyguları yönetmekte, değiştirmekte, düzenlemekte rol oynaması zordur.

Kişi içindeki 'öfke' hissini bırakacak olsa aslında gücünü de kaybedecekmiş gibi hisseder. Bu, bireyi dış dünyadan korumak için yıllar boyunca birikmiş negatif enerjinin kaybıdır aynı zamanda. Bu enerjinin kaybı bireye güç kaybı, enerji düşüklüğü gibi görünse de kendini iyi hissetmesinin de ilk adımı olacaktır.

Negatif hislerden güç almak bireyi çevreye karşı savunucu yapsa da bireyi duygusal olarak yıpratır,

---

suz hislerdir. Örneğin, değerlilik hissi eksik olan bir kişi, kendisine yönelen olumsuz bir tutum karşısında birden tepkisel davranış sergiler, hissettiği 'değersizlik' hissi ile kendini savunmaya çalışır.

tükenmişliğe götürür. Yaşama sevincini yok eder... **Kişi ancak içinde birikmiş olumsuz duyguları tek tek bırakarak ruhsal özgürlüğüne erişebilir...** Ancak bilinçaltı bu duyguların bırakılmasında çok da istekli değildir... Bu hisleri bırakmak, bilinçaltının temel işlevine ters bir durum olacağı için, birey olumsuz hislerden sıyrılmaya çalıştıkça organizma direnir... "ama" der... "fakat" der... "o zaman ezilirsin" der... "kendini savunmasız bırakırsın" der... birçok iç ses, bu his dönüşümüne direnç gösterir...

Uçak fobisini yenmek için yardım almaya gelen kişi ile duygularımızı nasıl yönetmeye başladığımızı kitabın ilerleyen bölümlerinde seans seans anlatacağız...

Geçmişten bu yana biriken olumsuz hisler, her zaman uçak fobisi gibi çok belirgin bir görünüşle su yüzüne çıkmaz. Bazı kişilerde öfke bozukluğu ile görünür hale gelir. Öfke, bireyin kendisinde bir sorun olduğunu fark etmesi en zor olan bir his bozukluğudur. Genellikle öfkesini kontrol edemeyen kişi, sorunun kendisinde değil, kendisini kontrolden çıkaran kişide olduğunu düşünür... Bu, uçak fobisi olan kişinin yaşadığı fobiden uçağı sorumlu tutması gibidir... Bu yüzden öfke bozukluğu, bireyin kendisinde değişmesi gereken bir şey olduğunu fark etmesi açısından en zor bozukluktur.

Kişinin kendini onarmasının ilk adımı 'farkındalık' olduğu için, öfke bozukluğu olan kişilerin kendini fark etmesi ve onarmak için yardım talebinde bulunması bu nedenle genellikle uzun yıllar alır...

DUYGULARIMI YÖNETEMİYORUM

O ya da bu sebeple birçok kişi duygularını yönete-memekten şikâyetçidir...

Kimi zaman öfkesinden... kimi zaman gerginliğin-den... kimi zaman hayattan bıkmışlığından ve mut-suzluğundan yakınır...

Bazen etrafındaki insanların kendisini bu hale getirdiğini düşünür... çevresini eleştirir, kızar, bağı-rır çağırır, kırar döker... Bazen de sevdiği insanları sebepsiz yere incittiğini fark eder, üzülür, pişman olur...

Çoğu kişi bunun psikolojik yardım gerektiren bir sorun olduğunun farkında değildir...

Psikolojik sorun denildiğinde, genellikle, ağır ruh-sal rahatsızlık yaşayan kişiler akla gelir...

Halbuki, psikolojik sorunun en yalın tarifi, **bireyin duygularını yönetememesidir...**

Bunun en belirgin dışavurumu ise 'öfke'dir...

Öfke duygusunu yönetemeyen kişiler, bir önceki bölümde de anlatıldığı gibi genellikle kendisinde bir sorun olduğunu ve onarılmaya ihtiyacı olduğunu kabul etmez...

Aslında kendisinin halim selim olduğuna fakat çevresindekilerin onu bu hale getirdiğine inanır... öfkeli olduğuna değil, öfkelendirildiğine... sinirli olduğuna değil, sinirlendirildiğine... mutsuz biri olduğuna değil, insanların kendisini mutsuz ettiğine inanır...

Duygularını artık yönetemeyen bir kişinin, örneğin, bir türlü söz dinlemeyen çocuğuna bağırıp çağırdığında "Öfkelenmeyeyim de ne yapayım, beni dinlemediği için aferin mi diyeyim!" demesi... ya da bir konuda hassasiyetini defalarca söylediği halde, çevresindekiler bu hassasiyete uygun davranmayınca gerilmesi, kızması, küsmesi... "Hassas olduğumu bile bile böyle yapıyor, artık konuşmayacağım" diye tepki vermesi, yaşadığı olay sırasında duygularını yönetememesinin sonucudur...

Öfke duygusunu yönetemeyen kişiler, genellikle kendisinde bir sorun olduğunu ve onarılmaya ihtiyacı olduğunu kabul etmez...

Tepki anında bireyin **mutlaka 'kendince haklı' bir sebebi** vardır. Ancak, duygusal sorunlar bir olumsuz durum karşısında kişinin 'haklı' olup olmadığı ile değil, ortaya koyduğu **'tepkinin büyüklüğü'** ile ölçülür...

Kişi 'haklı' olduğuna inandığı için 'tepkisinin büyüklüğünü haklılığında arar.' Halbuki gözlemlenmesi gereken yer kimin haklı olup olmadığı değil, 'bu kadar tepkinin doğru olup olmadığıdır'...

Ödevini ısrarla yapmak istemeyen bir çocuğun durumu belki normal değildir, evet, doğru... Ancak, çocuğunun derslerine karşı ilgisiz tutumuyla karşılaşan babanın kendini kaybedip elindeki kalemi defteri yere fırlatması, bağırıp çağırması normal midir?

İşte, onarılmaya ihtiyacımız tam da burada görünür hale geliyor...

Bireyin bir problem karşısında 'iç dünyasında yaşadığı baskının şiddeti' ve dayanılmazlığı ile 'tepkisel' davranması... yaşadığı 'huzursuzluk' sonucu içe kapanıp, küsüp surat asması... veya dışa dönüp, bağırıp çağırması o kişinin onarıma olan ihtiyacının göstergesidir...

Böylesi kişiler, genellikle **'yönetemedikleri duygularını'** değil, **'duygularını etkileyen olayları'** problem zannederler...

Kişinin bu durumu fark edememesinin ve 'haksız mıyım ama' diye sürekli haklılığını sorgulamasının sebebi; duygularında yaşadığı '**baskının gerçekçi görünümü**'dür...[21]

Onarılmaya ihtiyacı olan kişinin olumsuz bir durum karşısında hissettiği baskı gerçekten 'dayanılmaz, çıldırtıcı ve bıktırıcı'dır... Ancak bu, genellikle yaşanan problemin dayanılmazlığından değil, o kişinin içinde yıllarca biriken olumsuz hislerin bir problem sırasında '**aktifleşip**' bireyi dayanamaz hale getirmesindendir...

Örneğin, söz dinlemeyen çocuğu için "Bu çocuğun söz dinlememesi 'deli ediyor' beni..." diyen bir annenin içinde hissettiği baskı '**gerçekten**' deli edecek derecededir... Ancak, baskının bu denli şiddetli olması, yaşanan olayın o denli şiddetli olmasından değil, bu annenin içinde yıllarca birikmiş olumsuz hislerin problem sırasında **aktifleşip** o annenin içinde yaşadığı duyguları dayanılmaz boyuta çıkarmasındandır...

Veya çocuğunun akşam yatmamak için birazcık direnmesi karşısında bir babanın 'çıldıracağım artık...' diye aşırı tepki göstermesi, yaşanan olayın gerçekten 'çıldırtıcı' düzeyde olmasından değil, bu babanın yıllar içinde zarara uğramış duygularının bir olumsuz olay ile aktifleşip o babanın duygularını çıldırtıcı düzeye eriştirmesindendir...

---

21) Duygularda yaşanan **baskının gerçekçi görünümü**; bireyin yaşadığı bir olumsuz durum karşısında, 'gerçekten' fiziksel bir baskı hissetmesi halidir... Bu baskı **fizyolojik** görünüme sahiptir. Birey bu durumu kalbin daralması, göğsün sıkışması, karın ve midede ağrıların oluşması ile tarif eder. Kimi durumlarda, boyun ve baş çevresinde gerilim şeklinde de hissedilir...

Negatif hisler aktifleşmediğinde kişi kendini gayet iyi hissettiği için, "Aslında beni sinirlendirmeseler sorun olmayacak" diye düşünür... Ya da, böylesi bir kişi ile birlikte yaşayanlar, o bireyde negatif hislerin aktifleşmediği durumlardaki halini de yakından bildikleri için "Aslında çok iyi biri, ama sinirlenince sorun oluyor işte..." derler. Halbuki, duyguları yönetememek 'iyi veya kötü insan' olmakla değil, çocukluk yıllarından bu yana biriken onlarca olumsuz hissin artık bireyin duygularını kontrol altında tutmasıyla ilgilidir.

Bu durumu çocukları konusunda yardım almak için gelen bir ailenin durumunda gözlemleyebiliriz.

30 yaşlarında bir baba, 5 yaşındaki kızı için "Yemekte bir türlü yerinde duramaması, kımıl kımıl, bir o yana bir bu yana oynaması deli ediyor beni...

> *Duyguları yönetememek, 'iyi veya kötü insan' olmakla değil, çocukluk yıllarından bu yana biriken onlarca olumsuz hissin artık bireyin duygularını kontrol altında tutmasıyla ilgilidir...*

bazen elimin tersiyle vurasım geliyor..." deyince, eşi "Aslında eşim çok iyi bir insan, ama çabuk sinirleniyor..." diye izah etmek istemişti durumu... Halbuki, **'İyi insan(!)'** olmak ile insanın **'duygularının zarara uğramış olması'** ve zarara uğramış duyguların dayanılmaz baskısı ile **şiddet eğilimli davranışlar sergilemek** ayrı şeylerdi... Bunu beyefendiye izah ettiğimde, "Sizi anlıyorum hocam... Ancak inanın çocuk normal olsa ben de normal olacağım" diye cevap vermişti...

Eşi ile sürekli çatışmalar yaşayan 40 yaşlarında bir hanımefendi ise, yaşadığı son olayı şöyle tarif etmişti: "Eşime telefon ettim, ulaşamadım. Mesaj gönderdim, cevap vermedi... Tekrar tekrar aradım, açmadı telefonu... Ona yüz defa, 'belki acil bir durum olabilir, telefon ettiğimde aç şu telefonunu lütfen' diye söyledim, ama laf anlatamadım... o gün yine bir şey söylemek için defalarca eşimi aradım, açmadı... sinirden deliye döndüm, kendi kendime bağırdım, telefonu duvara fırlattım, sonra da hırsımdan oturup ağladım... Akşam oldu... Eşimin bir de eve gelince hiçbir şey olmamış gibi 'ne yemek yaptın' diye sorması bana kendimi o kadar değersiz hissettirdi ki anlatamam... Hizmetçisi miyim ben onun... Ben de ağzıma geleni söyledim artık..."

Kendisine, "Eşinizin telefonu açmaması karşısında bu kadar tepki vermeniz sizce normal mi?" diye sorduğumda, "Eşime onlarca defa 'aradığımda aç şu telefonu' dediğim halde telefonu açmaması normal mi? ..." diye karşılık verdi.

Evet, beyefendinin telefona cevap vermemesi normal değildi (kaldı ki beyefendi o sırada bir görüşmede olduğu için telefonunu sessize aldığını, çalıştığı işyerinde sıklıkla toplantılar olduğunu da daha sonra söyledi) fakat bu problemin çözümü telefonu duvara fırlatmak hiç değildi... Hanımefendi telefonu duvara atıp etrafa zarar vermenin doğru olmadığını biliyordu, ancak içinde yaşadığı **daralma** kendisini karşı konulmaz bir şiddete yönlendiriyordu...

İşte bireyin yaşadığı problemler sırasında duygularını yönetememesi, o bireyin geçmişten bu yana biriktirdiği negatif hislerin bir problem sırasında aktifleşmesidir. Buna Huzursuzluk Atakları diyoruz.

Huzursuzluk Atakları

İnsan vücudunun kendini onarma özelliği vardır...

Örneğin, vücudun bir yerinde kesik olsa kesilen yer önce kanar... sonra kan pıhtılaşır... bir süre sonra kabuk bağlar... kabuğun altında bir fizyolojik 'onarım' başlar... onarım tamamlandığında kabuk düşer; kesilen yer onarılmıştır artık...

Duyguların da kendini onarma özelliği vardır...

Zarara uğramış duygular sürekli kendini onarma çabası içindedir[22]...

İçsel bir pozitif enerji ile duygular sürekli normallik seviyesine çıkmaya çalışır...

---

22) Organizmanın bu özelliği, kişinin kendisini onarmasında temel bilgi olacaktır.

İşte, duyguların bir yandan onarılma ihtiyacı, diğer yandan **içsel dirençler** nedeni ile kendini bir türlü onaramaması o bireyin belli periyotlar halinde huzursuzluk atakları geçirmesine neden olur... Birey hiçbir olumsuzluk yaşamasa da geçmiş yıllarda biriken negatif hisler belli periyotlar halinde aktifleşir... Birey her şeyin yolunda gittiği, mutlu olduğu bir sırada, anlam veremediği bir iç huzursuzluğu yaşar... işte buna '**huzursuzluk atakları**' diyoruz...

Huzursuzluk atakları, kişinin belli **periyotlar** halinde içsel huzursuzluk yaşamasıdır.

Atak döneminde kişi hassaslaşır... Çevresindeki normal olaylara dahi anormal tepkiler verir...

Bu dönemde kişi çatışmacıdır, tahammülsüzdür, küçük sorunları dahi yönetemez, saldırgandır...

Atak geçtiğinde yavaş yavaş sakinleşir, gündelik yaşamına geri döner... Birçok kişi bu durumu anlamlandırmakta zorluk çeker... Huzursuzluk atakları belli periyotlar halinde görüldüğü gibi, aynı zaman-

Duyguların da kendini onarma özelliği vardır... Zarara uğramış duygular sürekli kendini onarma çabası içindedir...

da, sabah erken saatlerde, öğle arasında ve akşam saatlerinde de kendini gösterir.

Bu dönemlerde kişinin fizyolojik direnci de zayıf olduğu için, içsel negatif hislerin bireyin üzerindeki tesiri daha güçlü hissedilir.

Birçok kişi huzursuzluk ataklarının farkında değildir.

Bireyin geçirdiği huzursuzluk ataklarını fark edebilmesi için en etkin yol, "Duygu Durum Grafiği" hazırlamasıdır.

Uygulama: Duygu Durum Grafiği

Onarılmaya ihtiyacı olan bireyin en belirgin yanı **'pozitif duygularda süreklilik eksikliği'**dir.[23]

Böylesi bir kişi, sabahları mutlu uyanamaz... gün içinde yaşama sevinci ile kendini iyi hissedemez... akşam yatmadan önce güne teşekkür edip istirahate çekilemez...

Anlık pozitif duygular yaşayarak kendini iyi hissetse de genellikle bu pozitif hislerin kaynağı dış motivasyonlardır...

Aldığı güzel bir haber, yolunda giden bir iş, kendine değer veren bir dost ile karşılaştığında pozitif duygular hissedebilir ama bu **duygularının kökeni**

---

23) Pozitif duygularda süreklilik eksikliği, kişinin üzerinde taşıdığı olumlu duyguları sıklıkla kaybetmesi, genel duygu durumu olarak kendini mutsuz hissetmesi halidir...

kendi hisleri olmadığı için bir süre sonra düşüş kaçınılmazdır...

Bu nedenle onarılmaya ihtiyacı olan bireyler kendileri ile yalnız kalmakta zorluk çekerler... sürekli bir şeyler yapmak... bir yerlere gitmek... bir arkadaşla buluşmak... biraz alışveriş yapmak... biraz televizyon seyretmek... biraz telefonla oyalanmak onlar için vazgeçilmez bir ihtiyaçtır.

Böylesi bireylerin duyguları kuş gibi değil, 'çekirge' gibidir... kendilerini dış dürtüler ile ne kadar motive edebilirlerse o kadar havada kalırlar... bir gün iki gün keyifli ve mutlu olurlar... Ancak bu mutluluk hissini uzunca süre üzerlerinde taşıyamazlar... dış motivasyon eksildiğinde daraltmaya, bunaltmaya başlarlar... anlamsız ve sebepsiz yere gerilmeler, eften püften meseleler yüzünden tartışmalar çekirgenin mutluluk uçuşunun yere iniş halidir...

Onarılmaya ihtiyacı olan birçok kişi gün içinde onlarca defa 'gerilim' yaşar... Fakat bu gerilimleri bir çizelge gibi takip etmekte zorlanır.

İşte, Duygu Durum Grafiği, bireyin duygularındaki iniş çıkışları, bir başka deyişle onarılmaya olan ihtiyacını objektif olarak gözlemleyebilme olanağı sağlayan önemli bir **farkındalık aracı**dır.

Bu grafiği kişi kendi duygu durumunu gözlemlemek için hazırlayabileceği gibi, farkındalık kazandırmak istediği bir başkası için de düzenleyebilir.

Duygu Durum Grafiği Nasıl Hazırlanır?

Duygu Durum Grafiği ile duygulardaki daralmalar, iniş çıkışlar 6 hafta boyunca gözlem altına alınır...

Bir huzursuzluk veya öfke yaşandığında,

1. (Huzursuzluğun veya Öfkenin) Şiddeti

2. (Huzursuzluğun veya Öfkenin) Süresi

3. (Huzursuzluğun veya Öfkenin) Periyodu

1. ŞİDDET

Grafiğin birinci kısmına kişinin hissettiği huzursuzluğun veya dışa vurduğu öfkenin o an hangi şiddette olduğu not edilir. 10 en yüksek, 1 en düşük puan olarak verilir. Değerlendirmenin daha objektif olabilmesi için, buraya yazılacak değer öfkeye sebep olan olayın büyüklüğünden bağımsız düşünülmelidir. Çok yalın olarak 'şu an kaç şiddetinde bir gerilim, huzursuzluk hissediyorum veya kaç şiddetinde bir öfke dışa vuruluyor' diye not alınmalıdır.

Patlamalar her zaman dışa dönük patlamalar olarak düşünülmemelidir. Huzursuzluk ataklarının görünürlüğü 3 şekilde gözlemlenerek not alınmalıdır.

I. Agresif Öfke: Bireyin dışa dönük saldırganca bir tutum içine girmesidir. Agresif öfkenin oluşmasının 2 temel nedeni vardır:

a. **Engellenme**

b. **Yönetememe**

Agresif öfke sahibi kişilerin köken hisleri, bir engellenme veya kontrolün bireyin kendisinden çıktığı zamanlarda aktifleşir. Çocuğu ile sürekli problem yaşayan bir anne kendi durumunu izah ederken şu cümleyi kullanmıştı: "Öyle gereksiz zamanlarda öfkeleniyorum ki, ben de kendime şaşırıyorum bazen... Örneğin dün 5 yaşındaki oğlum elindeki küçük topu yere çarptırıp zıplatıyordu, top birden kontrolden çıktı ve kapıya doğru sıçradı... Birden nasıl sinirlendiğimi anlatamam, küçücük çocuğun kolundan tuttum, bağırdım... topu aldım, odaya fırlattım... Kendime geldiğimde, 'Bunu yapmak zorunda mıydın?' diye kendime sordum, çocuğumun şaşkın, masum bakışlarından utandım..." demişti. Bu anne kendi iç yolculuğu sırasında, neden gerildiğini kendi kendine bulmuş, topun kontrolsüzce sıçramasının kendisini çok gerdiğini söylemişti.

Çocuğunun yalan söylemesi karşısında gerilen bir annenin durumu, çocuğunu artık yönetemeyeceği bir alanın içine girdiğini hissettiği için böyledir... ya da ödev yapmayan çocuğuna kızan bir babanın durumu, okul ve eğitimi kontrol edememekten kaynaklanan gerilimdir çoğu defa...

Bir başka anne ise kendini şu cümlelerle tarif etmişti: "Bir yaşındaki oğluma yemek yedirmeye çalışırken, başını yana çevirmesi deli ediyor beni..." Bu annenin içindeki köken hisleri aktifleştiren şey, çocuğuna yemek yedirme eylemini sürdürmeye çalışırken, çocuğun başını yana çevirip onu engellemesidir...

Veya ailecek gidilen bir yere, aile bireylerinden birinin tam hazırlanamayıp gecikmesi (yani gidilecek yere gitmeye bir engel çıkarması) halinde köken hislerin aktifleşmesi agresif öfkenin bir engellenme ile dışavurumundan başka bir şey değildir.

Agresif öfke, bağırıp çağırma, tehdit etme, kendine, karşısındakine veya eşyaya zarar verme (veya verme eğilimi içine girme) şeklinde görülür. Duygu Durumu Grafiği'nde verilecek puanda agresif öfkenin hangi sebeple aktifleştiği önemli değildir. Hangi şiddette aktifleştiği not alınır...

II. Depresif Öfke: Bireyin kendine dönük saldırganca bir tutum içine girmesidir.

Yaşanılan olumsuzluk sırasında bireyin üzerine bir ağırlık çökmesi, enerjisinin düşmesi, içe dönmesi, hiçbir şey yapmak istememesi, yaşamdan tat alamaması şeklinde görülür.

Uzun süren depresif öfke yaşayan kişiler bir süre sonra bu duygu halinden haz almaya başlarlar...

Böylesi kişiler olumlu olaylar karşısında pozitif duygu yaşamak istemezler, mutluluk hissi onları huzursuz eder... Hayatın hep olumsuz yanını görerek bu duygu durumunu sürdürme eğilimindedirler. Böylesi bir bireyin Duygu Durum Grafiğinde 'Öfkenin Şiddeti' bölümüne 'sürekli' diye not almak gerekir...

Depresif öfke her zaman bireyin kendi içine kapanması şeklinde görülmez... Bazı durumlarda birey sanki kendisine savaş açmışçasına hareketlerde bulunur... Kendini aşağılar, kızar, küfür eder... Ona yıllar önce söylenilen sözleri kendi kendine tuhaf bir şekilde devam ettirir...

Örneğin eşinin doğru söylemediğini düşünen bir kişi "Tabii ben 'aptalım' ya istediğin kadar yalan söyle..." veya başka bir durumda "Salak gibi hissediyorum kendimi... Geri zekâlıyım ben sana inandığım için... Allah benim canımı alsa da kurtulsam... Benim kadar enayi var mıdır acaba dünyada..." der. Bu söylemlerin hepsi bireyin çocukken kendisine veya duygusal yakınlık kurduğu kişilere söylenen sözlerdir.

Depresif öfkedeki saldırganlık agresif öfkede olduğu gibi görünse de, buradaki yıkıcılık bireyin bizzat kendisine yöneliktir... Bu durumdaki kişi Duygu Durum Grafiğine 'aktif öfkede olduğu gibi not almalıdır...

III. Pasif Öfke: Olumsuz bir durum karşısında bireyin gerginliğini agresif veya depresif öfke ile dışa vur(a)mayıp duygularını bastırmaya çalışması sıra-

Uzun süre depresif öfke yaşayan kişiler bir süre sonra bu duygu halinden haz almaya başlarlar...

sında dışa yansıyan öfke durumudur... Dişlerin sıkılması, omuzların ileri geri oynatılması, baş ve boyunun rahatlatmaya çalışır bir tutum içinde sağa sola kımıldatılması, parmakların çıtlatılması, elde tutulan bir kalem veya materyalle sürekli aynı hareketin yapılması gibi davranışlar pasif öfkenin dışavurum gösterisidir... Pasif öfke sahibi kişiler genellikle bastırdıkları (veya bastırmaya çalıştıkları) öfkelerinin bedenlerine yansıyan anormal görünümü ile karşılarındaki kişiye tesir ederler... Bu genellikle farkına varılmış, işe yaradığı görülmüş bir alışkanlık halidir... işe yaradığı, karşı taraftaki kişiye etki ettiği görüldüğü sürece de devam eder... Bazı durumlarda ise bilinçdışı olarak gerçekleşir... Duygu Durum Grafiği'nde pasif öfkenin şiddeti de agresif öfke ve depresif öfkede olduğu 1 ile 10 puan arasında puanlanmalıdır.

2. SÜRE

Grafiğin 2. kısmına, yaşanan olumsuz olayın etkisinin bireyin üzerinde ne kadar devam ettiği not edilir. Agresif öfke yaşayan kişinin bağırış ve gürültüsü dinse bile, kendini kötü hissetmesi, küsmesi, kimseyle konuşmak istememesi devam ettiği sürece duygularının normalleşmediği düşünülmelidir. Grafiğin işte bu kısmına duyguların normalleşme süresinin ne kadar sürdüğü yazılmalıdır. Aynı durum, depresif öfke ve pasif öfke için de geçerlidir. Sürekli depresyon halinde olan bir kişi için bu bölüme, 'sürekli' diye not alınmalıdır.

3. PERİYOT

Grafiğin 3. kısmına bireyin yaşadığı huzursuzluğun veya öfkenin hangi periyotlar halinde tekrar ettiği not edilir. Sebeplerden bağımsız olarak bireyin hangi aralıklarla gerginlik yaşadığı bu bölüme yazılmalıdır. Huzursuzluğun yaşandığı gün ve saat o gün içinde not edilirse geriye dönük takibi kolaylaşacaktır. Duygu Durum Grafiği'nin en önemli ayrıntısını oluşturan periyot kısmının doğru işlenmesi halinde kişi aslında hep aynı periyodik döngü içinde huzursuzluk ve gerginlik yaşadığını görecektir... Yaşamında her şey yolunda gitse bile, belli dönemlerde yine de gerildiğini, huzursuzluk yaşadığını, sanki çatacak yer aradığını, çok hassaslaştığını fark edecektir... Bilinçaltı kişinin yıllar boyunca yapılanmış kişiliğini koruyabilmek için, bir döngü halinde belli periyotlarla köken hisleri aktif hale getirir... Bir yandan insan doğası gereği sürekli bir içsel huzur arayan bilinçaltı, diğer yandan kişiliği korumak üzere belli aralıklarla köken hisleri aktif hale getirirken beraberinde içsel bir çatışma da yaşanır... Birey mutlu olmak isterken mutlu olmaya ait adımları atamaz... Eşi ile mutlu olmak istediği halde, eşinin 'yanlış' davranışlarını tebessümle karşılayamaz... Bunun bir tür taviz olduğunu düşünür ve mutlu olma isteğine rağmen çatışmacı yanından kurtulamaz... Duygu Durum Grafiği'nin bu bölümü bir grafik haline dönüştürüldüğünde, duyguların belli ritmik dönemlerle bireyde nasıl da aktif hale geldiği görülecektir.

Duygu Durum Grafiği sadece kişinin kendini gözlemleyip farkındalığının oluşması için değil, aynı zamanda kendini onarmak isteyen birinin onarılmadan önceki duygu durumu ile onarıldıktan sonraki duygu durumunu kıyas etmesi açısından da önemlidir.

Bu nedenle, kendinizi onarmaya başlamadan önce, Duygu Durum Grafiği'ni en az 6 haftalık bir dönem öncesinde not almaya başlamanızı tavsiye ederim... Kendinizi onarmak için egzersizlere başladıktan sonra da 6 hafta boyunca yine Duygu Durum Grafiği'ni doldurmaya devam ederseniz onarılmadan önceki halinizle onarıldıktan sonraki halinizi daha iyi kıyas etmiş olursunuz.

Birey mutlu olmak isterken mutlu olmaya ait adımları atamaz. Eşi ile mutlu olmak istediği halde, eşinin yanlış davranışlarını tebessümle karşılayamaz...

Duygu Durum Grafiği

Şiddeti (1-10 birim)	Süresi (saat)	Periyot (tarih ve saat)

onarıma giriş

İnsanın kendini onarması, doktora gidip kırılmış kolunu tedavi ettirmesi gibi pratik bir iş değildir...

Kol kırılsa, kırılan şey somuttur; koldur... elle tutulur gözle görülür bir yerdir kol... Ancak kırılan yer duygular ise yani somut değil, soyut bir gerçeklikse ve kırılmalar ta çocuklukta başlamışsa... zarara uğramış duyguları bulmak ve onarmak için daha farklı bilgilere ve yöntemlere ihtiyaç duyulacaktır.

Kitabın ilerleyen sayfalarında bu **soyut** kavramları mümkün olduğunca güncel dilde ve **somutlaştırarak** vermeye çalışacağız. Bunu nasıl yapacağız derseniz, unutmamamız gerekir ki her ne kadar duygular soyut olsa da bireyde hissedilişi 'gerçeklik içerir...'

Örneğin, **bunalan** kişinin bunaltı hissi her ne kadar soyut olsa da bunaltı sırasında yaşadığı duygu durumu **gerçektir,** kalbi sıkışır, nefes almakta zorluk çeker...

Veya **huzursuzluk** soyut bir his olsa da, huzursuzluk sırasında yaşanan iç daralması **gerçekçi görünümdedir...** Kişi huzursuzluk sırasında gergindir, hızlı nefes alır, göğsü daralır, kendini nereye atacağını bilemez...

Ya da **kaygı** her ne kadar soyut bir duygu olsa da kaygının kişinin düşünce ve algısı üzerindeki görünümü **gerçeklik** içerir... Kaygılı kişi işine, gücüne, hayata yetişemediği yanılgısına düşer... telaşlıdır, acelecidir...

Yine her ne kadar duygular ve hisler soyut olsa da soyut duyguların beden üzerindeki etkisi de somuttur. Duygulanım sırasında bireyin bedenindeki **kasılmalar**, **gerginlikler** somuttur... Örneğin, bireyde öfke oluşmaya başladığında, kaslar gerilir, nefes alışverişi artar, kaşlar çatılır, dişler sıkılır... Bu haldeki bir kişiyle karşılaşıldığında beden diline bakarak duygu durumu hakkında yorum yapılabilir. Galiba gerginsin... galiba canın sıkkın... galiba üzgünsün...

O halde, her ne kadar duygular soyut olsa da görünürlüğü somuttur...

Duygunun kendisi elle tutulmaz ama eylemleri elle tutulur, gözle görülür...

Bu bilgi, onarım sürecimizin en önemli parçası olacaktır. Zira, onarım süresince gerçekleşen duygusal değişikliği takip etmek zordur. Duyguların değişimi

> *Bunalan kişinin bunaltı hissi her ne kadar soyut olsa da bunaltı sırasında yaşadığı duygu durumu gerçektir...*

saatteki yelkovan hızındadır... Sürekli gözlemlense bile değişikliği takip etmek neredeyse imkânsızdır... Nasıl ki duygular zarara uğradığı halde birey kendisinde gerçekleşen bu negatif dönüşümü takip edememişse, onarım sırasında gerçekleşecek pozitif değişimi de takip etmek zor olacaktır...

Bu değişikliği daha somut gözlemleyebilmek için önceki bölümlerde bahsedilen duygu durum grafiğinin hazırlanması oldukça önemlidir...

Bunun yanı sıra, bireyin duygularında gerçekleşen onarılma, fizyolojik değişikliği de beraberinde getireceği için muhtemelen dışarıdan bakıldığında kişinin bedeninin rahatladığını, simasının yumuşadığını, gerginliğinin azaldığını fark etmek mümkündür...

SEANSLAR

- **1. HAFTA** -

yalıtım

İnsan, ancak yalnızlığı içinde kendini onarabilir...

Çevresinden dürtüler aldığı sürece içe derinleşmesi, duyguya odaklanması zordur...

Nasıl bir araç hareket halindeyken tamir edilemez, tamirhaneye çekilip orada gözlemlenmesi gerekirse, insanın da kendini onarabilmesi için kendini biraz kenara çekip sakince içine derinleşmesi gerekir... Bireyin bir süre her şeyden, herkesten uzaklaşıp kendi ile baş başa kalması sürecine "yalıtım" diyoruz.

Kendinizi onarmaya karar verdiğinizde ilk yapacağınız şey 4 hafta (eş ve çocuklar hariç olmak üzere) tüm çevrenizle iletişimizi kesmek olmalıdır...

Yalıtım, bir bakıma **'içe bakış'** dönemidir...

Bu dönem, (duygusal) gürültüden arınılan, bireyin kendi ile baş başa kalacağı bir dönem olarak düşünülmelidir...

Yalıtım, bireyin iç dünyasını seyretmesi için mutlak ihtiyaç olan bir dönemdir...

Yalıtım, kişinin kendini tecrit ettiği veya cezalandırdığı bir dönem değildir.

Bu süreç ne anlam içerdiği bilinerek uygulanırsa onarım süreci o kadar başarılı geçer.

Aşağıda detayları bulunacağı üzere, yalıtım döneminde birey, gündelik yaşam döngüsünü bir miktar sadeleştirerek olduğu gibi devam ettirecektir...

Bu dönemde, alışveriş yapmak, spor yapmak, parka, bahçeye çıkmak, yürüyüş yapmak gayet tabii olarak devam edebilir.

Çalışan kişiler, işyerinde profesyonel yaşamın gereği olan davranışlar sergilediği sürece yalıtım süreci zarara uğramaz. Profesyonel yaşamın gereğinden kastedilen şey, işyerinde duygusal ve derinlikli ilişkiler içerisinde olunmamasıdır. "Nasılsınız?" ile başlayan sohbetin devamı, "Eh işte, bugünlerde canım biraz sıkkın" diye devam ediyorsa bu bir duygusal temastır... Duygusal temas yalıtım sürecinin aksamasına sebep olur. "Nasılsınız?" sorusuna cevap olarak "Teşekkür ederim, iyiyim" diye devam eden ilişki yalıtım süresine katkı sağlar. Hatta cevaba dikkat edilirse, "Teşekkür ederim, iyiyim"den sonra mecbur kalmadıkça "Siz nasılsınız?" dahi denmeyecek şekilde duygusal temastan kaçınmak gerekir...

Çalışma hayatında sürekli insanlarla etkileşim içinde olunan mesleklerde (örneğin öğretmenlik, yöneticilik, insan kaynakları gibi) yine yukarıda bahsedildiği gibi profesyonelliğin gerektirdiği şekilde davranılırsa yalıtım sürecinde ciddi aksamalar olmaz...

Birçok kişinin, onarım sürecini kendi yaşamları için oldukça önemli bir dönüm noktası olarak gördüklerinden, genellikle tatil zamanlarını veya izinlerini bu döneme denk getirerek yalıtım sürecini daha kaliteli hale getirdiğinin şahidiyim. Böylesi bir imkân varsa bu imkânı kullanmak doğru olur.

Maddeler halinde yazmak gerekirse, yalıtım süreci aşağıdaki başlıklardan oluşmaktadır.

1. İnsan İlişkilerinden Yalıtım

Yaklaşık 4 hafta[24] sürecek yalıtım döneminin en önemli ayrıntısı, kişinin kendini insan ilişkilerinden yalıtmasıdır. Bunlar, eş ve çocuklar, yani çekirdek aile hariç olmak üzere, ayrı yaşanılan anne, baba, kardeş, kayınvalide, kayınpeder ve tüm diğer yakın akrabaları kapsadığı gibi komşu, arkadaş ve bütün tanıdıklar da yalıtılması gereken kişiler arasındadır.

Bazı danışanlarımın, "Ama falanca arkadaşımla görüşmek bana iyi geliyor, onunla da mı görüşmeyeceğim" diye sorduğu oluyordu... Yalıtımda amaç, bireyin kendini kötü hissettiği kişilerden bir süre arındırması değil, 4 hafta boyunca hiç kimse ile duygusal temasta bulunmamasıdır.

Yine bir danışanım, bu süreci anlamaya çalışırken "Bazı kişilerin Ramazan'ın son on gününde kendini her şeyden soyutlayarak cami içinde itikaf'a çekilmesi gibi mi?" diye sormuştu... Aslında tüm iyi oluş ve duyguların onarım süreçlerinde yalıtım oldukça önemlidir. Bu, Doğu felsefesinden tutun da bugün

---

24) Yalıtım süreci en az 4 haftadır. Bu sürecin uzaması seanslarda elde edilecek kazanımların henüz gerçekleşmemesine bağlıdır. Bazı durumlarda bireyin iç dirençleri veya zarara uğramışlığının derinliği yalıtım sürecinin uzamasına yol açar. Böylesi durumlarda bir sonraki haftanın egzersizine başlamak yerine önceki haftanın egzersizini devam ettirmekte fayda vardır.

Batıda çokça konuşulan **"bilinçli farkındalık"** oluşturmanın ve içe dönüşün de en önemli parçasıdır.

Bu nedenle, yalıtım döneminde onarım sürecinizi kimin size iyi veya kötü geldiğinin ayrımını yaparak değil, kendinizi tüm insan ilişkilerinden yalıtarak ve yalnızlık hissiyle içe dönerek yönetmeniz oldukça önemlidir.

Aklınızda yalıtım sürecinde kimse ile yüz yüze görüşmesek de telefonla veya mesajla iletişim devam edebilir mi diye bir soru uyanacak olursa cevabımız "Kesinlikle hayır" olacaktır. Yalıtım süresi içinde, ne yüz yüze ne de telefonla (çekirdek aile ve zorunlu iş hayatı hariç olmak üzere) kimse ile görüşmemelidir.

2. Telefon

Yalıtım süresi boyunca ne sesli ne görüntülü ne de mesaj aracılığı ile bir başka kişi ile iletişim kurulmamalıdır.

Yaklaşık 4 hafta sürecek yalıtım döneminin en önemli özelliği, kişinin kendini insan ilişkilerinden yalıtmasıdır...

Eğer ciddi bir engel yoksa, telefonun tamamen kapatılıp kenarda bir yere (neredeyse unutulacak şekilde) konulması onarım sürecinin kaliteli geçmesi adına önemlidir.

Çalışan kişilerin gün içinde telefon kullanma mecburiyeti olduğunda sadece iş için ve kısa, net konuşmalar yapmak üzere telefon anlık olarak kullanılabilir. Kullanım süresi ne kadar uzarsa yalıtım o kadar delinmiş olur ve onarım sürecinin kazanımlarının elde edilmesi zorlaşır...

Bir danışanım telefonu hiç kullanmadığını, dolabın üzerine koyduğunu, ancak arada bir baktığını, kimlerin arayıp mesaj gönderdiğini kontrol ettiğini söylemişti. Bu davranışı danışanımın yalıtım sürecini zarara uğrattığı gibi onarımdan elde edeceği kaliteyi de düşürmüştü. Bu kişi ile onarım süreci devam ederken bir yerlerde bir aksilik olduğunu düşündüğüm halde bir türlü bulamıyordum... kendisi de telefonu bu şekilde, arada bir bakarak kullanmaya devam ettiğini söylememişti. Bir şey olmaz diye düşünüyordu. Ancak süreç ilerlerken acaba nerede aksaklık var diye sorguladığımızda bu durum ortaya çıktı. Ve kendisi telefonu tamamen kapattığı andan itibaren bembeyaz bir boşluğun içine düştüğünü, tuhaf bir **hüzün duygusu**[25] ve yalnızlık hissine kapıldığını söyledi. İşte bu his, bir '**onarıcı his**'ti...[26]

Telefon, fark etmesek de hayatımızın neredeyse tamamını kapsamaktadır. Sadece bir iletişim aracı değil, aynı zamanda oldukça pratik bir 'oyalanma aracı'dır... İçindeki oyunlar, telefonla erişilebilecek görseller, videolar, müzikler, sosyal ağlar... yalıtım sürecini aksatır. Telefonun tamamen kapanması, bütün bu oyalanma davranışlarından da 4 hafta boyunca arınmak demektir.

Kişi telefonundan ayrıldığında içinde koca bir boşluk hissi[27] veya kaygı duyabilir... Bu, her ne kadar olumsuz gibi algılansa da organizmanın onarıma verdiği ilk tepkidir.

Telefonun bir oyalanma aracı olmaktan çıkmasıyla, organizma nereye tutunacağını şaşırır... Kendini bir boşluğa düşmüş gibi hisseder... Ve bu rahatsızlık hissi onarım sürecinin organizmaya ilk temasıdır...

Birey zarara uğramış duygularını bastırmak için çoğu zaman oyalanma araçlarına tutunduğunu ve

---

25) Duygulanım açısından bakıldığında hüzün ne negatif ne de pozitif bir histir. Hüzün, kimi zaman ince bir sızı halinde gelir, burnu sızlatır, göz yaşartır, ancak kişi bu histen mutsuz değildir. Kimi zaman ise nostaljik bir hatıra olarak zihinde canlanır, tatlı bir tebessüm ettirir... Duygulanımdaki yeri derinlik içerir ancak negatiflik içermez. Hüzün onarıcı bir histir.
26) Kitabın ilerleyen bölümlerinde onarıcı hisler hakkında ayrıntılı bilgiler verilecektir.
27) Boşluk hissi de onarıcı bir histir. Çoğu zaman içte oluşan boşluk hissi pozitif duygularla genişlemeye, duyguların olumsuzluklardan arınıp yaşamın yeniden anlamlandırılmasına zemin yaratır.

kendisini dinlemekten kaçtığını ancak yalıtım süreci içinde daha net olarak görecektir.

3. Sosyal Medya

Yalıtım, süresi boyunca birey hiçbir sosyal medya aracıyla etkileşimde olmamalıdır... Ne Twitter ne Facebook ne Instagram ne WhatsApp[28] ne de diğerleri...

Bunların hepsi bu dönemde, tamamen 'unutulmalıdır'. Kişi, sosyal ağları kullanmadığı halde aklının bir köşesi "Acaba gündemde ne var, falan ne yazdı, filan ne söyledi" ile meşgulse yalıtım bireye katkı sağlamak yerine sıkıcı gelmeye başlar.

Birçok kişi yalıtım sürecine girdiklerinde telefonlarından bu tür uygulamaları sildikleri zaman içlerinde tuhaf bir rahatlama hissettiklerini söyledi... Aslında zihni ve duyguları sürekli meşgul eden bir etki alanının içinden çıkmış olmanın verdiği rahatlıktan bahsediyorlardı...

Gündelik yaşamda her ne kadar 'çok kullanmıyoruz' zannetsek de sosyal medya düşünce olarak sürekli zihnimizin arka planında çalışan ve bizi meşgul tutan bir yoğunluk alanıdır.

Eğer "evet, kendimi onaracağım" diyorsanız, sosyal medyadan tamamen kurtulmanız gerekir... Arada

---

28) Yukarıda bahsedilen sosyal ağlardan özellikle WhatsApp, bazı kişiler için çocuğunun okulunun, öğretmeninin, servis hostesinin takibini kolaylaştıran bir araç olarak günümüzde yaygın olarak kullanılmaktadır. Böyle bir mecburiyet taşıyorsanız sadece ve sadece 'o iş için' ve 'o anlık' bakmak üzere WhatsApp kullanılabilir.

> *Yalıtım süresi boyunca ne sesli ne görüntülü konuşma ne de mesaj aracılığıyla bir başka kişi ile iletişim kurulmamalıdır...*

bir sadece bakarım ama kullanmam diye kendinizi yanıltmamanızı tavsiye ederim. Yalıtım sürecine girdiğinizde, sosyal medyayı telefonunuzdan tamamen kaldırmanızı ve kaldırırken içinizde oluşan kaygı ve sonrasında oluşan rahatlama duygusunu da gözlerinizi kapayıp hissetmenizi tavsiye ederim...

Farkına varmadan orada oluşturduğunuz birçok dostluk, arkadaşlık ve ilgi alanının sizi nasıl da meşgul ettiğini, 'aslında kullanmadan da durabilirim' zannettiğiniz sosyal medyayı telefonunuzdan silmeye kalktığınızda içinizde nasıl bir direnç oluştuğunu fark edeceksiniz...

Yine birçok danışanımın onarım süresi tecrübesiyle söyleyebilirim ki tek başına yalıtımın bile insanın kendine gelmesine ve "Oh be" demesine sebep olduğunu görüyorum.

Hatta, bu dönemin insanı nasıl rahatlattığını tecrübe eden birçok kişi, onarım süresinden sonra da 'sosyal medyanın ağına' düşmemek üzere kendisiyle sözleşti veya oldukça sınırlı bir kullanımla kalitelice yaşamaya başladı...

Sosyal medyadan ayrılışınıza karşı içinizde oluşacak direnci aşabilirseniz bu sizin için büyük bir rahatlığın ve ferahlığın başlangıcı olacaktır.

4. Televizyon ve Radyo

Yalıtım süresi boyunca televizyon izlenmemelidir. Ne film, ne dizi, ne haber, ne eğlence, ne spor, ne de eğitim programları... Birazcık dahi olsa bunlarla ilgilenilmemelidir...

Daha önce sürekli takip ettiğiniz ve alışkanlık halini almış diziler, programlar varsa bunları sadece izlememekle kalmamalı, aynı zamanda yalıtım süresince tamamen ilgi alanınızın dışına çıkarmalısınız. Bir başka deyişle, o hafta hangi ligde hangi maç olduğunu düşünmek, acaba sonuçlar ne oldu diye merak etmek, şu dizide acaba neler oldu demek veya yalıtımdan sonra topluca izlerim diye içeride **'duygu tutmak'** sürecin ince ince aksaması anlamına gelir... Tabii ki kişi, yalıtım süresi boyunca televizyon izlemediği gibi YouTube veya benzeri mecralarla temasını da kesmelidir.

Çoğunlukla televizyon ailenin ortak kullanım aracı olduğu için, aile fertlerinden biri onarım sürecine girdiğinde diğerlerinin ne yapacağı sorusu da akla gelebilir. Böyle bir durumda en doğru olan, eşlerin birlikte onarım sürecine girmesidir. Zira eşlerden biri kendini televizyondan, sosyal medyadan, telefondan arındırdığı halde diğeri tüm bu araçlarla oyalanıyorsa onarım sürecindeki kişiyi olumsuz etkiler. Eğer evde çocuklar varsa ve televizyon seyrediyorlarsa onlar aynı düzene devam edebilirler.

Ancak birçok durumda özellikle annelerin kendini onarmayı aynı zamanda çocuğuyla geçmiş dönemde yaşadığı bağlanma problemini de çözmek için kullandığı düşünülürse, televizyonun evden tamamen kaldırılması hem onarıma hem de yeniden bağlanmaya katkı sağlar. Şöyle ki, çocuğuyla yeniden bağlanmak üzere kendini onarmaya çalışan bir anne her ne kadar televizyondan uzak dursa da çocuk o sırada televizyonla meşgulse birbirleriyle temas etmeden aynı ortam içerisinde bulunmuş olurlar.

Yalıtım süresi boyunca radyo da dinlenilmemelidir. Bir araca binildiğinde, dinlendirici de olsa, vakit geçirici de olsa, hiçbir şekilde dijital sesle temas kurulmamalıdır.

Herhangi bir vasıta ile gündelik yaşama ait haber ve bilgi paylaşımlarından uzak durulmalıdır. Ne dünyada ne olduğu ne ekonominin durumu ne de güncel olaylar asla takip edilmemelidir.

Yalıtımda, kişinin kendini yalnızlığı içinde onarması esas olduğu için bütün bu araçlar ile bağ kurduğu her şeyden bir süreliğine sıyrılmayı becerebilmelidir.

5. Müzik

Yalıtım sürecinin en zarar verici aracı müziktir. Duygularını onarmaya karar vermiş bir kişi yalıtım süresi boyunca hiçbir tını duymamalı ve kendi kendine dahi olsa şarkı, türkü söylememelidir. İlerleyen bölümlerde görüleceği üzere onarımın en önemli hedefi, biyolojik ritmin düzenlenmesidir. Bir başka deyişle, insanın kendi iç ritmini sakin ve dingin bir hale getirebilmesi, içindeki telaşı, aceleciliği ve yoğunlaşmayı azaltabilmesi gerekir. Halbuki müzik, kendine has ritmiyle kişinin doğal ritmine tesir edip hızlandırabilir veya yavaşlatabilir... Ya da kullanılan enstrümanların çıkardığı sesler, söz dizimleri bireyi birtakım duygulara sokabilir, derinleştirebilir ya da tam aksine duyguda yüzeyselleştirebilir...

Bazı danışanlarımın "Müzik bana çok keyif veriyor, kendimi müzikle iyi hissediyorum" dedikleri oluyor. Doğru... Müzik insana iyi gelir, ruha gıda veren bir yanı vardır... Ancak birçok kişi müziği iyi gelen yanı için değil, duygularını bastırmak için bir oyalanma aracı olarak kullanmaktadır. Bu kişilerin keyif aldığı şey, müziğin kendisinden çok, duygularının bastırılması ve vaktin yüzeysel geçirilebilmesidir. Ve birçok kişi yine acı ile şekillenmiş duygu dünyasının acıya yatkın yanını müzikle sürekli aynı düzeyde tutmaya gayret ettiğinin farkında da değildir.

Bir danışanım yalıtım sürecinde fark ettiği bir durumu benimle şöyle paylaşmıştı: "Yıllarca dinlediğim ve bana olgunluk verdiğini zannettiğim halk müziğinin ağır yanları, ağıtları, hüzünleri, ayrılık acıları bana olgun bir kişilik değil sürekli acı yaşatıyormuş. Hayata içimde yoğunlaştırdığım bu acılarla bakıyormuşum... Kaşlarımın çatıklığı, yürüyüşüm, eşimin davranışlarını cıvık bulmam, içimde yaşattığım ve sürekli müzikle beslediğim bu ağırlıklardan kaynaklanıyormuş. Kendimi onardıktan sonra yine aynı türküleri dinliyorum ancak şu an bana acı değil, keyif veriyor... Aynı ezgiler ruhumu dinlendiriyor..."

Burada bir parantez daha açalım... Aynı durum yukarıda bahsedilen televizyon programları ve diziler için de geçerlidir. Birçok kişi duygularının zarara uğramış yanını sürekli beslemek için aynı duyguyu yaşatacak dizilerin peşinde koşar. Ayrılıklar, kavuşamamalar, hüsranlar, hayal kırıklıkları... Kabadayılık, çeteleşmeler, 'gururlu kimlik' görüntüleri, onurlu duruşlar, fedaice davranışlar, bir misyonu yerine getirmek üzere kendinden vazgeçişler gibi bireyin var oluşunu değil, bu ağır duygularla kendinden geçişini hazırlayan diziler de aynı işlevi görür. Bu tür yapımların takip edilmesi bozulmuş duygularda yaşanan acıların film, dizi, müzikle devam ettirilmesidir esasında... Kişi, çocukken kendisine acı verici duygular tattıran yetişkinlerin yerini şu anda kendi iradesiyle başka araçlardan temin ettiğinin farkında bile değildir.

Bazı danışanlarım yalıtım süresince dini içerikli müziklerin, ilahilerin dinlenilmesinin de bu kapsamda olup olmadığını soruyorlar... Evet, dini müzikler ve ilahiler de yalıtım süresi boyunca kesinlikle dinlenilmemelidir.

Çocuk şarkılarında ise durum biraz farklıdır. Eğer bir anne (veya çocukla bağlanmak isteyen herhangi bir yetişkin) onarım süresinde çocuğu ile yeniden bağlanmayı da takip etmek istiyorsa, yalıtım süresinin ikinci haftasından sonra biyolojik ritminin daha dengeli hale geldiğini düşünür ve bir yavaşlama sürecine girdiğini fark ederse çocuğu ile birlikte çocuk müzikleri dinleyebilir. Çocuk müziği dinlemek üzere dikkatlice açılan bu kapı sadece ve sadece çocuk şarkıları için geçerlidir. Televizyondaki çocuk programları için geçerli değildir. Çocuk müzikleri insanı aktif halde tuttuğu için anne-çocuk arasında bir aktivite biçimi olabilir. Ancak televizyon ve televizyondaki çocuk programları izleyiciyi pasif hale getirdiği için bunlar anne-çocuk arasında yeniden bağlanmaya olumlu katkı sağlamaz.

6. Oyalanma Davranışları

Kişinin kendini duymamak ve dinlememek üzere dış dünyada tutunduğu, sürdürdüğü tüm davranış-

Tek başına yalıtımın bile insanın kendine gelmesine ve "Oh be" demesine sebep olduğunu görüyorum...

lar oyalanma davranışlarıdır. Bunlar bazen hayatın bir parçası haline gelmiş, faydalı görünen işlerdir... Örneğin kitap okumak oldukça faydalı bir davranıştır, ancak kişi kitap okumaya kendini duymamak ve dinlememek üzere yönelmişse, kitap okumayı bıraktığı anda hayatında bir boşluk oluşuyor, canı sıkılıyorsa bu faydalı davranış kişinin kendiyle baş başa kalmamak üzere tutunduğu bir oyalanma aracıdır. Yoğun iş ortamları, çalışma saati bittiği halde devam ettirilen işler, eve iş götürmeler, kendini başarılı bulduğu bir işe kafayı takıp sürekli onunla meşgul olunca kendini iyi hissetmeler derinlemesine incelendiğinde bir oyalanma davranışı olabilir.

Oyalanma davranışları çoğu zaman faydalı görünümlerinden ötürü insanı yanıltabilir. Çok çalıştığı ve başarılı olduğu için kariyer sahibi bir kişinin aslında kendini işiyle oyaladığını, eşiyle duygusal temas kurmakta zorluk çektiği için işine yöneldiğini ve kariyerini böylece edindiğini anlaması oldukça güçtür. Sanayi toplumunun verimlilik üzerine kurgulanmış profesyonel yaşamına en uygun kişilik tipleri, sürekli kendini oyalama ihtiyacı duyan bu kişilerdir. Böylesi kişiler işe kafayı taktıkları ve gece gündüz sürekli çalıştıkları (aslında kendileriyle baş başa kalmaktan kaçtıkları) için işverenlerin en çok tercih ettiği insanlardır. Bu kişiler eşleriyle bir sorun yaşadıklarında iş hayatında ne kadar başarılı oldukları, ne kadar çok sevildikleri, sadece eşleriyle çatıştıkları, bundan dolayı da hatanın kendilerinde olmadığı yanılgısına düşerler. Halbuki gerçek hiç de öyle değildir. Bu kişiler, oyalanmaya ihtiyaç duydukları ve duygusal temastan kaçtıkları için iş yaşamında başarılıdırlar.

Kendini onarmak üzere yalıtım sürecine giren kişinin ilk anda içine düşeceği muhtemel duygu can sıkıntısıdır ve bu gayet normaldir. Yalıtım sürecindeyseniz koltuğun hangi kenarına oturacağınızı şaşırabilir, 'akşama kadar nasıl vakit geçireceğim' diye düşünebilirsiniz. İşte bu, aslında organizmanın onarıma karşı ilk tepkisidir. Gündelik hayatta farkında olmadan kendinizi duymamak üzere ne kadar da çok oyalanma davranışına yöneldiğinizi ve oyalanma davranışlarının sizi kendinizle baş başa kalmaktan nasıl da alıkoyduğunu göreceksiniz.

Duygular ne kadar zarara uğramışsa, oyalanma davranışları bırakıldığında can sıkıntısı o kadar artar ve yeni bir oyalanma aracı peşinde koşulur. Kişi, organizmanın yaşadığı bu huzursuzluğu hissetmemek için, örneğin ev işlerine yönelir, kitap okumaya

Birçok kişi acıyla şekillenmiş duygu dünyasının acıya yatkın yanını müzikle sürekli aynı düzeyde tutmaya gayret ettiğinin farkında değildir...

çalışır, gün ortasında uykusu[29] gelir, kendini dışarıya atmak, alışverişle kafayı dağıtmak, koltukların yerini değiştirmek, o güne kadar ihmal ettiğini düşündüğü işleri tamamlamak gibi yeni yeni oyalanma davranışları içine girebilir.

Yalıtım süresi boyunca mevcut oyalanma davranışları terk edildiği gibi yeni oyalanma davranışlarına girilmemelidir.

Yalıtımın amacı, kişinin kendini bembeyaz bir boşlukta hissetmesi... ve yalnızlığı içinde kendine yönelmesidir... Bunlar bireyin onarılmasına katkı sağlayacak 'onarıcı hisler'dir...

Yalıtım süreci aynı zamanda, dış dürtülerin kesileceği, insanın kendi iç sesini duyabileceği, gürültüsüz bir halde duygularını dinleyebileceği, 'hisleri ile duygularına erişebileceği' bir ortam oluşturur.

Çünkü, onarım, iç derinliklerde, duygular üzerinde, ince ince hislerle gerçekleştirilen özenli bir dönemdir. Kişi bu dönemde hisleriyle duygularına erişebilmeyi, duygularının zarara uğramış taraflarını hissedebilmeyi ve onları yine hisleriyle onarabilmeyi deneyecektir. Yukarıda da bahsedildiği gibi,

---

29) Oyalanma davranışları içinde uykunun ayrıca değerlendirilmesi gerekir. Uyku, müzmin depresyon ve iç bunaltıları yaşayan, kendini var etmekte zorluk çeken kişilerin sıklıkla başvurduğu bir oyalanma davranışıdır... Kişinin, gündelik hayatı devam ettirecek bir yaşama sevinci yoksa, kendini var edememişse, değerlilik hissi içinde kendini iyi hissedemiyorsa, organizma böylesi kişileri yaşamdan alıkoyarak uyku ihtiyacı oluşturur... Uyku sayesinde birey, gerçekleştiremediği tüm bu yaşam becerilerine kısa aralar vererek yaşamaya çalışır. Yapacak bir şey olmadığı sırada kendini uykuya vermek, duygusal zayıflığın ve zarara uğramışlığın en belirgin özelliğidir.

duyguların onarılması kırık bir kolun tedavi edilmesi gibi elle tutularak yapılabilecek bir şey değildir. Duygulara ancak hisler ile erişilir... Hissin hissedilebilmesi ve yönlendirilebilmesi yoğun duygusal konsantrasyon gerektirir.

SEANSLAR

- 2. HAFTA -

hissi hissetme
ve
hissi yönlendirme

ÖN BİLGİLER

İkinci hafta 'Hissi Hissetme ve Hissi Yönlendirme' haftasıdır....

Bu hafta içe derinleşmeye, duyguya erişmeye, hissi hissetmeye ve yukarıda sıklıkla bahsedilen 'organizma'ya temas etmeye çalışacağız.

Bu aşamada elde edilecek kazanımların gerçekleşebilmesi için kişinin kendini bir haftadır yalıtıyor olması gerekir.

Eğer bir hafta önce yalıtıma başladı ve yalıtımın gereklerini yerine getirdiyseniz, muhtemelen şu anda içinizde daralma, can sıkıntısı ve huzursuzluk hissediyorsunuz. O halde doğru yoldasınız... Eğer bir haftadır yalıtımın şartlarını yerine getirmediyseniz ve anlamsız bir can sıkıntısı hissetmiyorsanız bu aşamaya geçmeden önce yalıtımı yeniden gözden geçirmenizi öneririm...

Çünkü bu hafta, iç derinliklerde hissedilen o huzursuzluğun kaynağı olan organizmanın, yalıtım ile uyarılmış olması gerekir. Bu arada 'organizma' hakkında biraz daha ayrıntılı bilgiye ihtiyacımız olacak.

Çocukluğumuzdan itibaren yaşadığımız her his, bir birikinti halinde içimizde varlığını sürdürür. Bu his birikintileri, savunma mekanizmalarımızın kökenini oluşturur. Eğer bugün yaşama dair birtakım sezinlemeler ve öngörüler taşıyor, bazı olaylara tepkisel yaklaşıyor, kimi olaylar karşısında huzursuzluk duyuyorsak, işte bunlar, köken hislerin yol göstericiliğindendir...

Köken hisler, geçmişte bir dönem yaşanan olaylar sırasında (yoğunluklu olarak çocukluk döneminde[30]) içimizde birikmiş hislerdir. Ve bugün, benzer durumlar karşısında birden aktifleşerek bizi daha fazla zarara uğramaktan alıkoyarlar.

Köken hisler kişiliği oluşturur.[31]

Örneğin, parkta otururken tuhaf davranışlı bir adam gördüğümüzde 'organizmamız' huzursuzluk hisseder. Adamın garip vücut dili, simasındaki an-

---

30) Çocukluk döneminde hissedilen duygular kişiliğin en belirleyici yanını oluşturur. Özellikle ilk 6 yaş, kişiliğe ait hislerin oluşmasında oldukça önemlidir. Çünkü bu dönemde zihinsel filtreler yoktur. Çocuk ne yaşıyorsa onu gerçek olarak kabul eder ve hisseder. Örneğin, "Aptal mısın?!" sözünü işiten 5 yaşında bir çocuk, "Ben aptal değilim" diye etkilenebilir, hatta ağlayabilir. Çünkü bu sözü söyleyenin amacının 'aslında' ne olduğuna, belki bir öfke sırasında söylediğine, belki bir iş yaptırmak amacıyla motivasyon kelimesi olarak kullandığına dair hiçbir sezisi yoktur. Bir başka deyişle, zihinsel savunmalar aktif değildir. Aynı kişiye 15 yaşında "Aptal mısın sen?" dense, "Sensin aptal" diye direnç gösterir. İkisi arasındaki fark, 15 yaşındaki kişinin savunma mekanizmalarının belli başlı unsurlarının artık oluşmuş olmasıdır. O artık bir çocuk gibi etkilenmez. Çocuklukta hissedilen her his, direkt olarak duyguya erişir ve organizma üzerinde etkinlik oluşturur.
31) Birçok kişi kişiliğin sabit, değişmez olduğunu zanneder. Halbuki kişilik, yaşanmışlıklarla biriken hisler bütünüdür. Kişi, içindeki hisleri ve zarara uğramış duyguları onardıkça, olaylar karşısındaki duruşu, yaşama bakışı, kendilik algısı değişir. Bir başka deyişle, kişiliği değişir.

lamsız mimikler, organizmamızın bir tehdit algılamasına yol açar. Bu sayede bilinçdışında gerçekleşen bu huzursuzluk haliyle kendimizi muhtemel bir tehlikeden koruma eğilimine gireriz.

Veya bir konuşma sırasında karşımızdaki kişinin gözbebeklerinin küçülmesi, ses tonunun incelmesi, omuzlarının sürekli hareket etmesi organizmamızda yine bir tehdit algısı oluşturur. Köken hisleri uyarır, güvensizlik algısı oluşturur. Böyle bir kişiye fakında olunmadan mesafe konulur. Neden mesafeli davrandığınız sorulduğunda, muhtemelen "Bilmiyorum, pek elektrik alamadım galiba" gibi cevaplar verirsiniz. İşte burada "Bilmiyorum... elektrik alamadım..." sözlerinin karşılığı organizmanızın, yani bilinçaltınızın, o güne kadar biriktirdiği köken hislerin aktifleşmesiyle sizi (içten gelen) bir savunma davranışına zorlamasından başka bir şey değildir.

Ancak içimizde birikmiş hisler, her zaman buradaki gibi doğru bir yol gösterici olmayabilir.

Köken hisler, geçmişte bir dönem yaşanan olaylar sırasında içimizde birikmiş hislerdir...

Bazı durumlarda, organizma, zarara uğramış duyguların yanılgısı ile insanı yanlış ve anlamsız davranışlara itebilir. Tıpkı benim uçak fobimde olduğu gibi...

Organizmam beni keyifli uçak yolculuklarında anlamsız bir şekilde koltuğa tutunduruyor, uçak düşerken girilmesi gereken savunma pozisyonu içinde kalakalmaya mecbur bırakıyordu. Her ne kadar yaptığımın anlamsız olduğunu bilsem de organizmam bütün bedenime hakim oluyordu. Onu yönetemiyordum.

Çünkü zihin zarara uğramış duyguları yönetemez. Zihin, ancak bastırılmış duyguları yönetebilir.

Organizma her zaman bu kadar net ve görünür şekilde kişiyi bir davranışa mecbur bırakmaz. Bazen derinliklerde oluşan değişiklikler, insanın kendisinin dahi sezemeyeceği şekilde anlamsız davranışlara yol açar.

Örneğin, iç derinliklerinde ciddi karmaşalar olan birinin organizması, kişiyi bu derinliğe eriştirmemek üzere 'yanıltıcı' duygular oluşturup küçük problemler üreterek insanı büyük problemle yüzleşmekten korumaya çalışır.

Karmaşık gibi görünen bu durumu bir örnekle izah etmeye çalışalım.

Bir çocuk sınavdan düşük not aldığı için babasından "Bu kadar basit bir sınavdan nasıl zayıf alırsın, geri zekâlı mısın oğlum sen?" sözünü işitmiş olsun.

Çocuk işittiği bu sözle kendini kötü hisseder.[32]

Bu kötü hissin adı; suçluluk hissidir.[33]

Şu an çocukta oluşan birinci kötü his, suçlanmaktan kaynaklanan 'suçluluk hissi'dir.

Buraya kadar tamam...

Ancak çocuk aynı zamanda babası tarafından 'geri zekâlı mısın sen!' diye aşağılandığı için, içinde bir de öfke gelişecektir.

Uyanan ikincil olumsuz his 'öfke'dir.

Organizma, şimdi öfke duygusundan aldığı güçle suçluluk duygusunu bastırmayı deneyecektir.

Zira öfke aktif, suçluluk pasif bir duygudur...

Aktif negatif duygu, pasif negatif duyguyu her zaman bastırır...

---

32) Çocuğunu düşük not aldığı için azarlayan bu babanın bilinçaltının muhtemel çalışma şekli de çocuğa kendini kötü hissettirip bir dahaki sefere yüksek not alabilmesi için motivasyon oluşturmaktır. Bu motivasyon türüne negatif dürtü denir. Negatif dürtü, bireyi çalışmaya yöneltse de kişiliği zarara uğratır. (Kişiliğin zarara uğraması, benlikte kötü his oluşması anlamına gelir.)

33) Suçluluk hissi, kişiye gündelik yaşamın akışının bozulduğu ve bunun sebebinin kendisi olduğu hissettirildiğinde oluşan kötü bir histir... Yukarıdaki örnekte, aile içindeki olumlu atmosfer, çocuğun sınavdan zayıf almasıyla bozulmuş, baba öfkelenmiş, gerilmiştir... Çocuk işittiği sözlerle, bozulan düzenin (baba öfkesi, ailede huzursuzluk) sorumlusunun kendisi olduğunu hissettiğinde, oluşan his, suçluluk hissidir... Bu örnekte, baba ayrıca açıkça suçlayıcı ifadeler de kullandığı için, suçluluk hissi daha yoğunlaşmış olarak hissedilecektir.

Yukarıdaki örnekte çocuk, babasının oluşturduğu suçluluk hissini babasının davranışına öfke duyarak bastırmıştı.

Bu kişi, yetişkinlik yıllarında kendini suçlu hissettiği, hesap sorulduğu, güvenilirliği sorgulandığı bir anda, (çocuklukta yatkınlık kazandığı, suçluluk hissini bastırmak üzere) öfkeye yönelecektir...

Kendine ya da bir başkasına öfke ile saldırganlık sergileyecek ve köken hissin, yani suçluluk hissinin uyanmasını önleyecektir. Bu duyguyu çok yalın bir şekilde ifade edecek olursak, çocukluktan bu yana oluşan suçlanmaya karşı hassasiyet bireyi alışkanlıkla öfkeye yönlendirecektir.

Birey, artık suçluluk hissine karşı hassasiyet taşıyacak, suçlanacağını hissettiği her durumda bir de öfke hissedecektir.

Bu duruma bir danışanımın anlattıklarından örnek vermek istiyorum.

Beyefendi, trafikte eşinin söylediği yoldan gitmediği için yanlış yola girmişti. Eşi kendisine "Ben sana demiştim, bu yol yanlış işte..." diye söylendiğinde, adam öfke ile, "Ya bi kapar mısın çeneni!" diyerek direksiyonu yumruklamış, eşini azarlamıştı. Beyefendi yanlış yola girdiği için içerisinde uyanan suçlu-

Öfke aktif, suçluluk pasif bir duygudur...

luk hissini bastırmak üzere eşine öfkeyle yönelmişti. Çünkü bu beyefendinin bilinçaltı, suçluluk duymayı öfke ile ilişkilendirdiği için, suçlanacağını hissettiğinde organizma direkt öfke hissini canlandırıyor, kendisinin suçlanmasından kaçınıyordu.

Bu bir 'duygusal kısır döngü' idi.

Bu döngüye kapılan kişilerin, kök hislerinin uyanmasını engellemek üzere, sürekli bir saldırganlık ve öfke içinde olduklarını fark etmeleri de oldukça zordur. Onlara göre, kendisini öfkelendiren kişinin davranışını değiştirmesi gerekir...

İsterseniz bu konuyu biraz daha karmaşık hale getirerek devam edelim...

Bir danışanımın kayınvalidesi vefat etmişti...

Danışanım olan hanımefendi bir hayli mutsuz bir vaziyette çocuklarının bakımını yerine getirmeye çalışıyordu. Vefatın üzerinden haftalar geçtiği halde çocuklarıyla doğru düzgün oyun oynayamıyor, akşam yatarken alışkanlık haline getirdiği hikâyeleri çocuklarına okuyamıyor, onların duygusal ihtiyaçlarına cevap veremiyordu. Taziye için gelip gidenlerle de enerjisi düşük bir halde ilgileniyordu.

Çocuklar, bu dönemde anne yoksunluğunun verdiği huzursuzlukla birbirleriyle çatışmaya başlamışlardı.

O gün, çocuklar yine birbirlerinin saçlarını çekip itişirken, anneleri birden odaya girmiş, "Bıktım artık sizin laf dinlemez halinizden..." diye bağırıp çocukları kollarından sıkarak odaya götürmüştü...

Çocuklar annelerinin bu davranışına alışkın olmadığı için, korkulu gözlerle annelerine bakmış... sonra da ağlamaya başlamışlardı...

Çocukların ağlaması hanımefendiye kendini 'kötü hissettirmişti...' (Bu kötü his, suçluluk hissi idi.) Yatağa gidip ağlamaya, kendi kendine kızmaya başlamıştı, "Bir anneliği bile beceremiyorum... bıktım artık her şeyden..." diyordu.

Aslında, çocukken yanlış bir davranışı sırasında kendisine nasıl davranılmışsa, organizma bu hanımefendiyi yıllar sonra yanlış davranışında kendisine nasıl davranıldı ise öyle davranmaya yönlendiriyor... ve bu sayede suçluluk hissini bastırmaya çalışıyordu... Eğer ağlamasa, kendine kızmasa, kendisini vicdansız ve acımasız hissedecekti...

Çünkü, bu kişi çocukken yanlış bir şey yaptığında annesinden işittiği "Bir işi bile beceremiyorsun... Eline iş yakışmıyor... Düşüreceksin... Yapma, bırak sen o işi... Çekil kenara... Senin bu halin ne olacak..." gibi sözlerle hassasiyet oluşturmuş... "suçlanmayla oluşan bu hassasiyeti işittiği kötü sözlerle bastırmayı alışkanlık haline getirmişti..."

Şimdi ne zaman yanlış bir şey yapsa, kendisine kızmaya, hakaret etmeye, aşağılamaya (ve böylece rahatlamaya) devam ediyordu.

Bu kişi, yanlış davranışı sırasında kendisini aşağılamasa, iç sesleri 'hiç utanmıyorsun değil mi bu yaptıklarından?' diye seslenecekti... Aslında bu sesler de oldukça tanıdıktı. Çocukken yanlış bir şey yaptığında ve aşağılayıcı sözler işittiğinde eğer biraz dik durmaya, ezilmemeye ve ağlamamaya gayret ederse işittiği sözlerdi bunlar: "Ne kadar yüzsüzsün, hiç utanmadan bir de yüzüme bakıyorsun... Hiç pişmanlık duymuyorsun değil mi... Utanmıyorsun bir de..."

Organizma, bilinçaltı, bu kişiyi yanlış davranışı sırasında, suçluluk hissettiği durumlarda, çocuklukta yatkınlık kazandığı bir yöntemle kendini bastırmak için öfkeyi yine kendine yöneltiyordu...

Muhtemelen burada bir ayrıntı daha dikkatinizi çekmiştir.

Kayınvalidesinin vefatı ile birlikte hanımefendinin çocuklarına ilgisi azalmış, onlarla keyifli zamanlar geçiremez olmuştu. Kayınvalidesi vefat ettiği halde çocuklarıyla eğlenceli ortamlarını devam ettirse kendini kötü hissedecekti. Bu kötü his de yine suçluluk hissi idi... Organizma, suçluluk hissinin uyanmasını engellemek için hanımefendinin enerjisini düşürmüş, onu keyifsiz bir hale sokmuştu. Organizma, kişiyi mutsuzluk hissine yönlendirerek suçluluk hissinin uyanmasına engel oluyordu.

Şimdi yukarıdaki cümleyi bir kez daha okuyacak olursak... ne demiştik; "Köken duygularında suçluluk hissi taşıyan bir kişinin organizması (yani bilinçaltı) derinlerde yatan suçluluk hissinin uyanacağını sezinlediğinde, bireyi, geçmişte suçlanırken kendisine davranıldığı şekilde davrandırarak, suçluluk hissinin aktifleşmesini önler."

Bu sadece bilinçaltının **suçluluk hissini** bastırmak için ortaya koyduğu bir davranış değildir. Aynı durum, **değersizlik hissi** için de geçerlidir. Kişi, kendini değersiz hissedeceği ortamlarda, bu hissin oluşmasının önüne geçmek için, bilinçaltının yönlendirdiği şekilde davranır. **Yetersizlik hissine** karşı hassaslaşmış bir çocuk için de durum yetişkinlikte farklı olmayacaktır. Son olarak, **güvensizlik hissi** edinmiş bir çocuk yetişkinlik yıllarında bu kök hissi yaşamamak için bilinçaltının yönlendirmelerine maruz kalacaktır.

Bilinçaltında bütün bunlar olurken, çoğu zaman kişi bu süreçlerin çoğundan haberdar değildir. Her şey öylesine doğal ve etki-tepki ilişkisi içinde gerçekleşir ki yüzeysel bakıldığında hiçbir anormallik görülmez.

Çocukları laf dinlemeyen bir annenin sinirlenip onları odalarına göndermesi gündelik hayatta 'sıradan' bir eylem görünümündedir. Birçoğumuzun aklına, bu anneyi çocukluk yıllarında oluşan hassasiyetin yönlendirdiği gelmez. Bunu takip etmek oldukça ciddi bir farkındalık ister.

Farkındalık dediğimiz şey, 'bilinçaltı süreçlerini bilinç düzeyinde gözlemleyebilme yeteneğidir.'

Peki bilinçaltı nedir? Onarım süreci içinde bilinçaltı hakkında bilmemiz gereken şey nedir?

Bilinçaltı; duyguların hafızasıdır...

İşte bu hafta, iç derinliklerimize erişecek, 'duygularımızın bize hissettirdikleri' ile karşılaşacağız.

Bir başka deyişle, bu hafta duygularımıza erişmeyi öğreneceğiz.

Peki ama nasıl?

Duygularımıza, hislerimizle erişeceğiz... **'hislerimizle duygularımızı onaracağız...'**

Zira, duygularımıza erişebileceğimiz yegâne araç hislerdir.

Bu arada, günlük dilde her ne kadar duygu ve his aynı anlamda kullanılsa da pedagojide bu iki kavram birbirinden farklıdır.

His; duygulanım öncesi oluşan ruhsal haldir. Hisler yoğunlaştığında duyguya dönüşür. His, organizmaya bir uğrak verir, seziler oluşturur, sonra ayrılır. Uğrak verme uzun sürer ve yoğunluk kazanırsa bu yoğunluk 'duyguyu doğurur.'

Duygu; his yoğunlaşması ile oluşan kalıcı ruhsal haldir.

His ile duygu arasındaki ilişkiyi şu şekilde zihnimizde canlandırabiliriz.

Ocağın üzerindeki bir tencerede su kaynıyor olsa... kaynayan su buharlaştığında bu buhar histir... Elimizle dokunamıyoruz, sadece sezebiliyoruz... Kaynayan suyun buharının üzerine tencerenin kapağını tutunca su buharı tencerenin kapağında yoğunlaşmaya başladığında nasıl ki damlacıklar oluşuyorsa işte bu damlacıkları da duygu olarak anlamlandırabiliriz...

Bir duygu hangi hissin yoğunlaşması ile oluştu ise, artık o duygu kendini oluşturan hissi sürekli üretmeye başlar...

Örneğin, değersizlik hissini sürekli hissettiği için değersizlik duygusu edinmiş bir kişi artık etrafındaki insanlar kendisine değerlice davransa bile kökendeki değersizlik duygusu sebebiyle değersizlik hissini üretmeye devam eder. "Sen değerlisin" denilse bile o yine de kendini "değersiz" hissedecektir...

İşte kimi yetişkinlerde gördüğümüz alınganlık, çabuk incinme gibi hassasiyetlerin özünde bu köken hisler yatmaktadır. Zaten kendi içinde suçluluk hissi, değersizlik hissi ve yetersizlik hissi aktif olan bir kişi, küçük bir ima karşısında büyük bir alınganlığa, büyük bir kırılmaya eğilim gösterebilir. Yaşadığı bir olumsuzluktan normallik seviyesinin üzerinde etkilenir... tepki gösterir...

Önemli bir noktadan daha bahsetmekte fayda var. Olumsuz duygular hiçbir zaman kendiliğinden oluşmaz. İnsan ilişkileri sırasında edinilen hislerin sonucunda ortaya çıkar.

Bir başka deyişle, ötekinin hissinin bireyin duygularına zarar vermesiyle oluşur.

Birey, ötekinin hislerinden ne kadar zarara uğramışsa, o kadar daha verici olmaya yönelir. Çünkü, organizma, nasıl zarara uğradıysa kendini aynı şekilde onaracağını zanneder. Ötekinin hisleriyle zarara uğradığı için, başkalarıyla kuracağı iyi ilişkiler sırasında normalleşeceği yanılgısını taşır.

Halbuki, psikoloji bize 'ötekinin hissi bireyin duygularını zarara uğratmakta rol oynar, ancak onarılmasında rol oynamaz' bilgisini iletmektedir. Geçmişte bizi inciten annemiz, babamız, öğretmenimiz, okul arkadaşımız, pişman olup gelse, "Seni çocukken incitmiştim... Özür diliyorum..." dese, birdenbire "Aaaa, ben iyi oldum" diye hissedemeyeceğiz.

Peki, o halde kendimizi nasıl onaracağız?

Olumsuz duygular hiçbir zaman kendiliğinden oluşmaz...
İnsan ilişkileri sırasında edinilen hislerin sonucunda ortaya çıkar...

Yukarıda da söylediğimiz gibi, psikoloji bize burada ikinci bir gerçekten bahsediyor... İnsan, ancak kendi hisleriyle duygularını onarabiliyor... İşte bu hislere '**onarıcı hisler**' diyeceğiz.

Organizma nasıl geçmiş dönemde ötekilerin hissini hissede hissede zarara uğradı ise, onarım sürecinde de kendi onarıcı hislerini hissede hissede normalleşecek, doğal haline dönecek, bilinçaltının yönlendirmelerinden kurtulacak ve ruhsal özgürlüğüne kavuşacaktır...

Mademki hislerimizle duygularımızı onaracağız, o halde "his nasıl üretilir" bilgisine ihtiyacımız var. Öyle ya, üreteceğimiz hisleri duygularımıza yönlendire yönlendire duygunun normalleşmesini sağlayacaksak, his üretmeyi bilmemiz gerekir.

His, bir davranıştan sonra oluşan ruhsal haldir...

Örneğin, aynada kendinize dil çıkartsanız, içinizde gülme hissi uyanır. 'Gülme hissi'nin uyanması 'dil çıkartma davranışı'nın devamı olan bir ruhsal haldir.

Örneğin, bir adam karısına sürpriz bir hediye alsa, hediyenin verildiği an kadının içinde oluşan mutluluk 'hissi', hediye verme 'davranışı'nın devamı olan ruhsal haldir.

Gece yarısı evin içinde bir tıkırtı duyulsa, kişinin kendini kötü 'hissetmesi' evdeki kıpırtı 'davranışı'nın devamı olan ruhsal haldir.

Davranış yoksa, his yoktur...[34]

İşte bu bilgiden yola çıkılarak, onarım seanslarında bazı davranışlar tarif edilecek. Bu davranışların yapılmasıyla oluşacak hislerin duygularımızı yönlendirmesiyle onarım adım adım gerçekleşecek.

Seanslarda tarif edilen davranışlara bundan sonra 'egzersiz' diyeceğiz.

Egzersizlerin kaliteli olması, üretilen hissin de kaliteli olmasını sağlar.... Hisler ne denli saf ise, duyguların onarılması o denli güçlü olur...

Egzersizlerin yapılacağı yere 'seans odası' diyeceğiz.

---

34) Geçmiş dönemlerde oluşan davranışlar zihinde iz bırakmışsa hayalde takip edilen davranışlar da his oluşumuna neden olur. Hayaldeki hislerin kökeni, hayalde oluşan davranışlardır.

SEANS ODASININ ÖZELLİKLERİ

Kendinize bir seans odası seçerken şu özelliklere dikkat etmeniz gerekecek:

1. Mutlak Sessizlik

Seans odanız sessiz olmalı. Ne caddeden gelen sesler ne evin içindeki cihazların sesi ne de insan sesi... Seans odasına hiçbiri yansımamalıdır. Odada bulunan bir saatin saniyesinin işleyiş sesinin dahi egzersizinizin kalitesini düşüreceğini unutmayın.

2. Mutlak Yalnızlık

Egzersizler mutlaka yalnız yapılmalıdır. Odada bir başka kişinin olması konsantrasyonu bozduğu gibi, içe derinleşmeyi de engeller. Bazı durumlarda anneler, küçük çocuklarını uyutup aynı odada egzersiz yapıp yapamayacaklarını soruyorlar. Tercihen böyle olmamalı... Ancak mecbur kalındığı durumlarda dikkat çocukta olmamak üzere denenebilir. Çocuğu emzirirken, çocuk kucaktayken veya ortada gezinirken, eş veya çocuklar aynı anda odanın içinde iş güç yaparken egzersiz yapılmamalıdır.

3. Küçük Alan

Seans odanız mümkünse evinizin en küçük odası olsun. Geniş, büyük oda hislerinizin yoğunluğunu azaltır. Fakat küçük olduğu düşüncesiyle lavabo veya banyo tercih edilmemelidir. Pencereyle kapatılmış olsa bile balkon da tercih edilmemelidir. Pencerelerden hissedilecek genişlik egzersizinizin kalitesini düşürür.

4. Düzenli Ortam

Egzersizlerinizi yapacağınız oda dağınık olmamalıdır. Çok eşyalı oda tercih edilmemelidir. Örneğin mutfak, egzersiz yapmak için uygun bir ortam değildir. Mutfakta bulunan birçok gereç, zihninizin dağılmasını hızlandıracaktır.

5. Çerçevelenmiş Alan

Seans odanızda açık bir pencere veya kapı olmamalıdır. Odanın kapısı ve pencereleri kapatılmalıdır. Egzersiz yaptığınız anda evde hiç kimse olmasa dahi kapının kapalı olması onarımınızın kalitesine etki eder. Dördüncü hafta egzersizi hariç olmak üzere diğer egzersizler için balkon veya teras da tercih edilmemelidir.

6. Emniyetli Oturuş

Dördüncü hafta egzersizi hariç olmak üzere, diğer bütün egzersizlerinizi oturarak yapmalısınız. Oturduğunuz yer, sandalye, döner koltuk gibi yüksek bir alan olmamalıdır. Tercihen yere oturarak ve sırtınızı emniyetlice yaslayarak yapmanızı öneririm...

Bacaklarınızın şekli, bağdaş kurmuş veya ileri doğru uzatılmış olabilir. Bacaklarınızın üzerine oturmanız bir süre sonra dikkatinizi dağıtacağı için tavsiye edilmez.

Eğer kitabın buraya kadar olan kısmını dikkatle takip edebildiyseniz artık uygulamalara geçebiliriz.

İsterseniz buraya kadar anlatılanları kısaca özetleyelim:

1. Duygularımız, çocukluk yıllarından bu yana 'hissettiklerimiz' ile zarara uğrar.

2. Duyguları zarara uğratan şey hislerdir... ve duyguların onarımı da hislerle olacaktır.

3. Ancak, başkalarının bize hissettirdikleri ile duygular onarılamaz.

4. Birey ancak kendi hisleri ile duygularını onarabilir.

5. Hisler, bir davranışın devamı olarak ortaya çıkar.

Şimdi devam edelim...

Demek ki seanslar sırasında egzersizleri yaparken birtakım hisler yaşayacağız... ve bu hisleri kök duygularımıza aktararak onarımı inşa edeceğiz...

Peki duygularımız nerede? Hisler nerede yoğunlaşıyor ve duyguya dönüşüyor?

Duygulanım yerimiz, kalbin hemen sol yan tarafında bir karış genişliğinde bir alandır.

Hisler, bu bölgede yoğunlaşır ve duyguya dönüşür.

Duygular burada kendi hissini üretir.

Öfkelendiğimizde burada sıkışma hissedilir.

Heyecanlandığımızda kelebekler buradan uçuşur.

Emniyetli Oturuş

2. HAFTA
HİSSİ HİSSETME
VE
HİSSİ YÖNLENDİRME

UYGULAMA

Arınma Nefesi

Telefo-
nunuzla
QR Kodu
Okutunuz

Daha iyi konsantre olmak için seans başlamadan önce üç defa "arınma nefesi"[35] alın.

Bunu şu adımları takip ederek yapın:

1. Yere oturun, sırtınızı duvara yaslayın.

2. Fiziksel olarak kendinizi bırakın.

3. Sabit bir noktayı bir süre dalgınca seyredin.[36]

---

35) Arınma nefesi; seans başlamadan önce kişinin günlük hayatta üzerinde tuttuğu hisleri en alt düzeye indirmek için yaptığı nefes çalışmasıdır.

36) Seansa konsantre olabilmek için zihinsel aktiviteleri en aza indirmek ve gündelik hayattan mümkün olduğunca sıyrılmak gerekir. Bunun için seans başlamadan önce gözlerin sabit bir noktaya yönelmesi ve dalgın düşünce-lerle içe derinleşilmesi gerekir. Bu dalgınlık ve düşünceli hal, ne kadar doğal ve kendi akışı içinde gerçekleşirse seansın kalitesini o denli artırır.

4. Dalgınlık halinden çıkmak üzere burnunuzdan derince nefes alıp başınızı sağa sola silkeleyerek ağzınızdan hızlıca verin. Bunu üç defa yapın.

1- HİSSİ HİSSETME

Telefonunuzla QR Kodu Okutunuz

Gözlerinizi kapatın.

İçe derinleşmeye odaklanın.

Sağ elinizi kalbinizin sol yan tarafına koyun.[37]

Koyduğunuz yer, göğsünüzün altında, hafif sağa doğru olmalıdır. Kolunuzu kapattığınızda parmaklarınız kolunuzun altında kalmasın.

Baş parmağınız hariç olmak üzere diğer 4 parmağınızı birbiriyle bitiştirin.

Parmaklarınızı hafif bastırdığınızda kaburga kemiğinize dokunduğunuzu hissedin.

Parmaklarınızın dokunduğu yerde, içinizde kalp atışınızı dinlemeye çalışın.

Daha iyi konsantre olabilmek için arada bir nefesinizi tutun.

Kalbinizin kıpırtısını 15 dakika boyunca bu şekilde dinleyin.

Dikkatiniz dağıldıkça yeniden konsantre olun.[38]

---

37) Böylece düşünce, sağ kol vasıtasıyla duyguya daha iyi yönelebilecektir. Hissi hissetme, kolaylaşacaktır.

38) Uzunca süredir duygularından ve hislerinden uzak yaşamış biri için kalbin kıpırtısını uzun süreli duymak kolay olmayacaktır. Organizma, bu içe

Derin bir sessizlik içinde kalbinizin somut kıpırtısını hissetmeye çalışın.

Bu ilk denemenizi yaklaşık 15 dakika yaptıktan sonra gözlerinizi açın, burnunuzdan derin bir nefes alın ve yeniden konsantre olarak kalbinizin kıpırtısına odaklanın.

derinleşmeye 'savunma' ile cevap verecektir. Bu türden durumlarda organizmanın iki türlü savunma aracı devreye girer; (1) Kendine erişilme çabasına karşı zihni uyarır, zihinsel aktiviteleri çoğaltır. Böylece, kişi organizmaya erişmeye çalıştığında zihninde birçok düşüncenin uyandığını hisseder. Düşüncelerin dağınıklığından organizmaya erişmek zorlaşır, (2) Bölgesel olarak hissizleştirir. Hissedilmeye çalışılan bölge tamamen hissizleşir ve o bölgede hiçbir kıpırtı duyulmaz hale gelir. Kişi sanki kalbi yokmuş gibi, kalbinin kıpırtısına dair hiçbir hissi duyamaz. Bu iki durum da geçicidir. Eğer egzersiz yalıtımla birlikte düzenli ve kaliteli bir biçimde yapılırsa (yaşanan problemin büyüklüğüne bağlı olarak) genellikle 3 gün sonra bu savunmalar ortadan kalkar ve birey artık hissi hissetmeye başlar.

Hisse Odaklanma

KENDİNİZİ ARAYIN

İkinci odaklanmada, kalbinizin aslında çocukluk yıllarından beri her hissi yaşayan çocuk kalbi olduğunu da hissedin.

Evet, her şeyi o küçücük kalbinizle yaşadınız... incinmeler... kırılmalar... fark edilmemeler... sevgisizlikler... var olamamışlıklar... hepsi, ama hepsi, o dinlemeye çalıştığınız kalbinizin çocukluktan beri hissettikleriydi.

Gözleriniz kapalı, küçük halinize şefkatle bakar vaziyette içinize doğru bir kez daha derinleşip çocuk kalbinizi dinleyin.

Bu dinlemede kendinizi çocuk olarak hayalinizde görmeye çalışın.

Sanki onu bir yerde terk etmiş, bırakmış, gitmiş gibi...

Seslenin içinize...

Kendi adınızı söyleyerek seslenin.

"... neredesin? Ben geldim..." deyin.

Kendini yıllar öncesi bir yere mahzunca bırakmış... şimdi bambaşka birine dönüşmüş hali ile kendi gerçeğinizi arar gibi seslenin...

Yıllar sonra kendinizi arar gibi seslenin... "Neredesin... Ben geldim..."

Kendinizi hayalen gördüğünüzde telaşlanmayın.

O size küsmüş olabilir... terk edileli yıllar oldu... sizi istemeyebilir...Yüzünüze bakmayabilir...

İncinmeyin...

Özür dileyin, kendinizi anlatmaya çalışın...

"Biliyor musun senden sonra çok şeyler yaşadım..." deyin ona.

Anlatın, neler yaşadınız o yokken... Sizin neler yaşadığınızı bilsin... Affetsin...

Evlendiyseniz evlendiğinizi söyleyin mesela... çocuklarınızın olduğunu... isimlerini... okulunuzu, zorluklarınızı... onsuz çok zorlandığınızı... anlatın...

Usulca başını kaldırıp baktığında, sizinle yeniden barışacağını zannedin... umut edin...

Siz de ona bakın, şefkat duyun çocukluğunuza...

Özlediğinizi hissedin kendinizi...

Gözleriniz yaşarsın...

Burnunuz sızlasın...

Kendinizle tanıştığınız bu hali doyasıya yaşayın...

Dokunun çocuksu ellerinize... yüzünüze... şaşırın minicik parmaklarınıza...

Ayakkabınıza bakın...

Okul çantanıza...

İçinizde oluşan duygulara izin verin...
Hiçbir duygunuzu bastırmayın...

Yazmayı öğrendiğiniz defterin sayfalarına usul usul bakın... kaleminize, defterinize... sonra da kendinize... çocukluğunuza derin bir özlemle bakın... Kendinizi nasıl da öylece bırakıp gittiğinize şaşırın... "Nasıl yaşamış küçücük hali ile bütün bunları" diye kendinize bir kez daha bakın...

İçinizde oluşan duygulara izin verin...

Hiçbir duygunuzu bastırmayın...

İnce ince ağlamak geliyorsa derinlerden bir yerden, bırakın kendinizi... için için ağlayın... sarılın kendinize...

Nasıl da özlediğinizi hissedin...

Söyleyin ona, "Artık seni hiç bırakmayacağım, söz veriyorum" deyin...

İnandırın kendinizi...

Çocuksu bakışlarından sanki affedileceğinizi hissedin... sevinin...

Doyasıya ağlayın...

Duygularınızı bastırmadan doyasıya ağlayın...

Yıllar sonra kendinizle buluştuğunuz bu halinizi doyasıya yaşayın...

İçe derinleştiğiniz, kendi hislerinizle tanıştığınız bu hali sürdürebildiğiniz kadar sürdürün ve üzerinizde taşıyın...

En az 15 dakika[39] kendi derinlerinizde kendi hislerinizi uyandırdığınız bu hali devam ettirin...

Telefonunuzla QR Kodu Okutunuz

2- HİSSİ YÖNLENDİRME

En az 15 dakika hissi hissetme egzersizini tamamladıktan sonra gözlerinizi açın.

Burnunuzdan hafif ve derin bir nefes alın.

Hiç ara vermeden gözlerinizi yeniden kapatın.

Sağ elinizi yine kalbinizin sol yan tarafına koyun.

Hafifçe parmak uçlarınızı bastırıp kaburga kemiğinize yeniden dokunun.

Bu sefer, kalbinizin sol yan tarafında para kadar bir boşluk var gibi hissedin.

Kalbinizle burun delikleriniz arasında bir kanal varmış gibi hissedin.

Burnunuzdan, kalbinizin içindeki bu boşluktan hafifçe nefes alın.

Ağzınızdan hafifçe ve uzunca verin.

---

39) Bu süre uzun da olabilir... Duygulanım süresi uzadıkça ve duygular bastırılmadan boşaldıkça bireyin iyi oluş süreci de o denli derin gerçekleşir.

Kalbinizden nefes alırken kendinizi iyi hissedin.

Burun deliklerinize nefes geldiğinde, o nefesin sanki simanıza tatlı bir tebessüm gibi yayıldığını hissedin.

Bu nefesi **'Temiz Nefes'** diye tanımlayın.

Bu şekilde 10 defa 'Temiz Nefes' alarak 'Hissi Hissetme ve Hissi Yönlendirme' egzersizini tamamlayın.

Tarif edilen bu egzersizi, önümüzdeki hafta boyunca seans odasında, sabah ve akşam olmak üzere günde iki defa yapın...

Egzersizinizi yapacağınız en verimli saat dilimleri; sabah 06:00 ile 09:00 arasında herhangi bir 15 dakika... Akşam 21:00 ile 00:00 arası herhangi bir 15 dakikadır.

Seanslarınızı her gün tam aynı saatte yapmanız şart değildir... Ancak bu saat dilimleri arasında kalmaya gayret edin.

NE ÖĞRENDİK?

1. Kalbimizin sol yan tarafında duygulanım bölgesi olduğunu öğrendik.

2. Seans odasında, yere oturmuş bir halde, sağ elimizi kalbimizin sol yan tarafına koyarak içe derinleşmeyi, Hissi Hissetme'yi öğrendik.

3. Hissi Hissetme egzersizini tamamladıktan sonra, kalbimizden Temiz Nefes almayı öğrendik.

4. Bu egzersizi yaparken duygularımızın kendini savunacağını, dikkatimizi dağıtacağını ve kalbimizin sesini duymakta zorlanabileceğimizi öğrendik.

5. Egzersizleri düzenli bir şekilde yaptığımızda, kalbin bu direncinin üç gün süreceğini, üç gün sonra kendini bizden sakınmayacağını öğrendik.

6. Bu egzersizi seans odasında, sabah akşam belirli saatler arasında olmak üzere günde iki defa yapacağımızı öğrendik.

Şimdi, ilk hafta başlayan Yalıtım ve bu hafta başlayan Hissi Hissetme egzersizine önümüzdeki bir hafta boyunca devam ederek onarımın üçüncü haftasına gelmiş olduk...

- 3. HAFTA -

biyolojik ritmin düzenlenmesi

ÖN BİLGİLER

Birey, duyguları zarara uğradıkça hızlanır.

Biyolojik ritim bozulur.

Fizyolojik hızlanma, **acelecilik**, içsel hızlanma ise **telaş** olarak dışa yansır.

Böylesi kişiler, gündelik yaşamda bir acelesi varmış gibi...

Sanki bir yere yetişmesi gerekiyormuş gibi...

Arkasından kovalayan varmış gibi anlamsız bir telaş ve acelecilik içindedirler.

Yapmakta olduğu işi henüz tamamlamadan bir sonraki işi düşünmeye, arada boşluk bırakmamaya çalışırlar.

Durdurulamaz bir koşturmaca içinde yaşamı duymadan ve hissetmeden yaşarlar.

Çoğu zaman da yapılacak işlerin çokluğundan, işlerinin yoğunluğundan, biraz yavaşlayacak olsalar her şeyin aksayacağından yakınırlar.

Halbuki gerçek hiç de öyle değildir.

İçlerindeki telaşın sakinliğe dönmesi işlerini aksatmaz.

Veya aceleciliklerini bırakmaları, verimliliklerini düşürmez... aksine artırır...

Böyle hissetmelerinin sebebi, organizmanın bir an bile boşluk bırakmayıp duygusal derinleşmeyi önleme çabasıdır.

Bir başka deyişle, acelecilik ve telaş, bilinç düzeyinde değil bilinçaltının yönlendirmesiyle oluşan bir anormalliktir.

Bilinçaltı, yavaşlamayla oluşacak iç derinlikleri ve duyumsamaları (çoğu defa acılar barındıran duyguları) duymamak ve hissetmemek üzere bireyi bir koşu atı gibi sürekli kamçılar durur.

Böylesi bireyler, fizyolojik olarak da huzursuz kaslara sahiptir.

Oturduklarında sürekli ayak kıpırdatmaları...

Boyun oynatmaları...

Gözlerinin sürekli bir şey arıyor gibi gezinmesi...

Odaklanamamaları...

Bütün bunlar, bahsettiğimiz bilinçaltı yönlendirmesinin sonucudur.

Gerek pozitif bilimler gerekse inanç felsefesi, aceleciliğin insana verdiği zararlardan sürekli bahsetmekte, yavaşlamayı tavsiye etmektedir.

İnsanın kendiyle baş başa kalmaya, içe doğru derinleşmeye, yaşamı telaşsız gözlerle seyretmeye, duygusal bir dinginlik içinde kahve yudumlamaya ihtiyacı vardır... Bu lüks değil, ihtiyaçtır. Bu ihtiyaç giderilmediğinde kişi gergin ve huzursuzdur.

Ayrıca duyguların yönetilebilmesi için yavaşlamak bir ihtiyaçtır.

İç telaşı yüksek, aceleciliği belirgin bir kişinin duygularını yönetmesi neredeyse imkânsızdır.

Duygular, ancak sağlıklı bir biyolojik ritme eriştiğinde yönetilebilir.

İşte bu hafta, bütün bu gerçeklerden yola çıkarak, onarımın önemli bir aşamasına gireceğiz.

Yavaşlayacağız... telaşımızı, aceleciliğimizi **metronom**[40] ile sakin ve dingin bir yapıya dönüştürmeye çalışacağız...

Seans sırasında kendi iç telaşımızı, metronomun sakin ve kararlı atışı ile senkronize hale getirmeye çalışacağız.

İçimizde bir telaş, metronomda kararlı bir sakinlik...

Kendimizi metronomun ritmine bırakıp onun ritmini kendi ritmimiz haline getirmeye çalışacağız.

---

40) Metronom, düzenli, kararlı bir ritim elde etmek amacıyla belirli aralıklarla vuruş sesleri çıkaran bir alettir.
1814 yılında Amsterdam'da yaşayan Dietrich Nikolaus Winkel tarafından icat edilmiştir. Genellikle, müzik yapımlarında ritmi doğru hesap etmek için kullanılır. Günümüzde kişisel gelişim ve eğitim alanında (hızlı kitap okuma çalışmalarında) da kullanılmaktadır. Bu seanstan itibaren kullanacağınız metronom, orta boy, mekanik bir metronom olmalıdır.

3. HAFTA
BİYOLOJİK RİTMİN DÜZENLENMESİ

UYGULAMA

Metronomunuzu alın ve seans odanıza geçin.

Metronomunuzun ayarını 30 bpm'e[41] getirin.

Yere oturun, sırtınızı yaslayın.

Metronomu düz bir yere koyun ve çalıştırın.

Gözlerinizi kapayın.

Kendinizi fiziksel olarak bırakın.

Metronomun sesiyle birlikte yaşamınızı bir film şeridinde seyreder gibi seyredin.

Kendinizi metronomun sesi kadar sakin ve dingin, yaşamı ve insanları telaşlı bir koşturmaca içinde hayal edin.

---

41) BPM, metronomun dakikadaki vuruş sayısıdır. 30 bpm bir dakikada 30 vuruş demektir. Mekanik metronomlarda en yavaş seviye 45 bpm olarak görülür. Seansta metronomunuzun hızını 45 bpm'den daha yavaş hale getirmek üzere ağırlık sekmesini bir miktar daha yukarıya kaldırmanız gerekecektir. En yakın ritmi bulabilmek için internetten '30 bpm metronome numbeat' olarak aramanızı ve metronomunuzu oradaki ritme benzer bir ritme getirmenizi tavsiye ederiz.

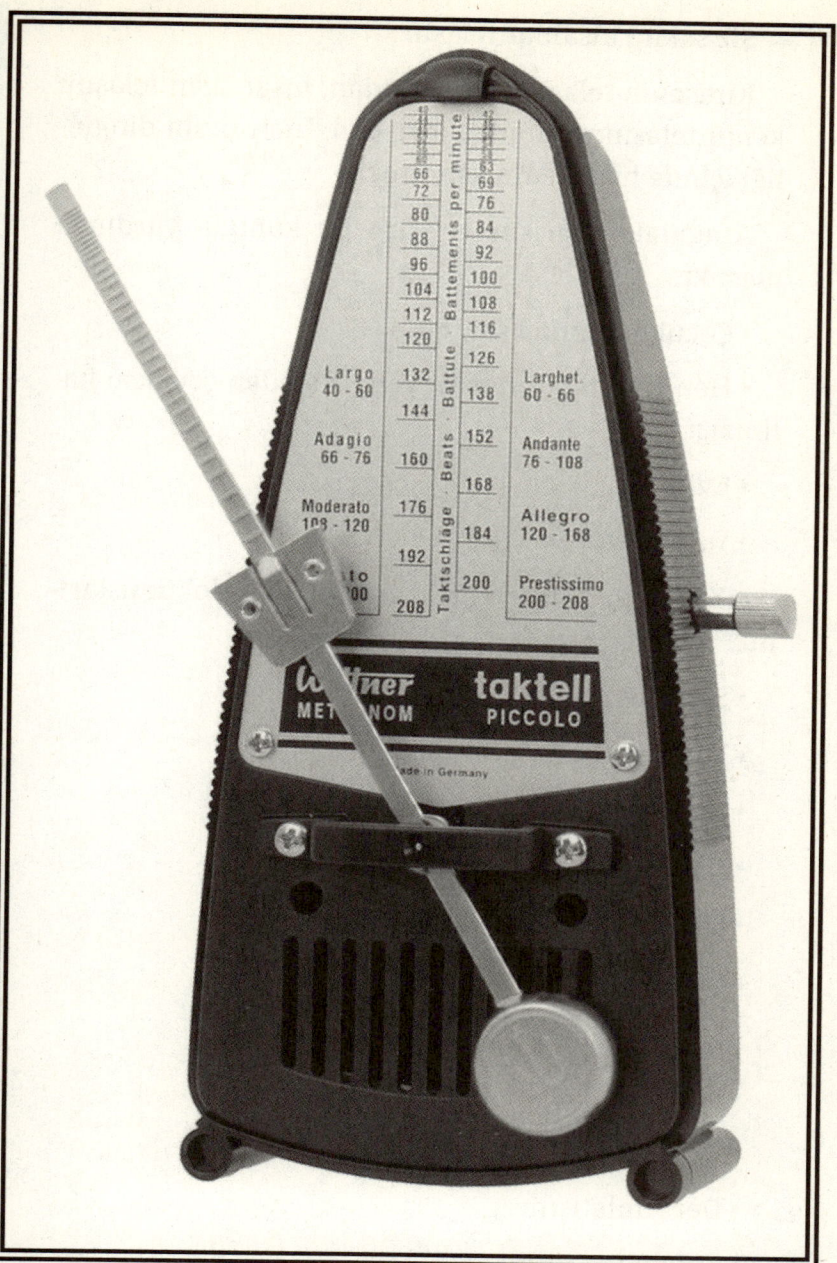

Siz sakin, insanlar telaşlı...

Kimsenin telaşına kapılmadan, insanların telaşını kendi telaşınıza dönüştürmeden, metronom dinginliği içinde hayal edin kendinizi.

Aşağıdaki çağrışımlar, size bu konuda yardımcı olacaktır.

• Çocukluğunuzu seyredin...

• Henüz daha çevresini yeni keşfeden çocuksu halinizi...

• Evinizi...

• Yatağınızı...

• Yatağınızın üzerindeki nevresimin dokunuşlarını...

• Sıcaklığını...

• Ya da soğukluğunu yaşamın...

• Annenizin o yaşlarını...

• Çevrenizdeki insanları...

• Okula gidişinizi...

• Çantanızı...

• Defterlerinizi...

• Ve kalemlerinizi seyredin...

• Öğretmeninizi...

• Ders anlatışını...

• Kalem tutuşunuzu...

• Yazı yazmak için kalemi nasıl da bastırdığınızı...

• Yaşamı henüz tanımaz haldeyken heveslerinizi seyredin...

• Her şeyi bir film şeridinde seyreder gibi izleyin...

• Zaman ne kadar da çabuk geçti...

• Çocukluk geride kaldı...

• Her şey geride kaldı...

• Seyredin yaşamınızı...

• Film şeridinde seyreder gibi...

• İnsanları seyredin...

• Hayatınızdaki insanların telaşını...

• Kalabalıkları seyredin...

• Çıkın şehrin üstüne, şehrin içindeki insanları seyredin...

• Siz sakin, insanlar bir koşturmaca içerisinde...

• Hayretle seyredin...

• Herkesin bir telaşı var...

• Herkesin bir acelesi...

• Arabalar geliyor...

• Arabalar gidiyor...

• Alışveriş yapanlar...

• Telefonla konuşanlar...

• Koşturanlar...

- Yürüyenler...

- Bir kadın, kocasıyla tartışıyor...

- Bir çocuk ağlıyor...

- Kafeteryada gençler birbirleriyle şakalaşıp gülüşüyor...

- Herkesin bir yaşamı var...

- Seyredin insanları...

- İnsanların içinde kendi telaşınızı seyredin...

- Seyredin...

- İnsanların içinde kendi halinizi seyredin...

- Seyredin...

- Bırakın insanları...

- İnsanların telaşını...

- Herkesi kendi haline bırakın...

- Dönün insanlara sırtınızı...

- İnsanlar kendi halinde giderken...

- Uzanın oraya, kendi yalnızlığınız içinde...

- Bırakın kendinizi...

- Bembeyaz bir boşluğun içine bırakır gibi...

- Herkesten uzak...

- Öylece...

- Uyuyun...

- Uyuyun...

(Evliyseniz ve çocuklarınız varsa aşağıdaki telkinlere devam edin, aksi takdirde yukarıdaki telkinlerden sonra 15 dakika boyunca kendinizi metronomun sesine bırakın...)

• Sarılın çocuğunuza...[42]

• Özleyin onu...

• Koklayın...

• İçinizdeki pişmanlıklarla...

• Özür dileyin çocuğunuzdan...

• "Bağışla beni yavrum" deyin...

• Kalbinizdeki ağırlıkları uykuyla beraber bırakın...

• Öylece uyuyun...

• Her şeyden uzak...

• Herkesten uzak...

• Yalnızlığınız içinde...

• Uyuyun...

Metronom dinlerken akla birçok düşüncenin gelmesi normaldir. Çünkü metronom, kararlı ve sakin ritmi ile bilinçaltında bastırdığınız duyguların bilinç düzeyine çıkmasına yardımcı olacaktır. Bu,

---

42) Bu kısımda çocuklarınızın ismini içinizde tekrar ederek hayal edin. Örneğin Ahmet'e sarılın... Ayşe'ye sarılın... Ayşe'yi özleyin... Ahmet'i özleyin... Koklayın Ahmet'i... Koklayın Ayşe'yi... Özür dileyin onlardan. "Bağışlayın beni" diye hissedin... Özellikle bu kısım çocukla yeniden bağlanmak isteyen annelerin kendi iç dirençlerini kırıp çocuklarıyla bağlanması için uygulanması faydalı olan telkinlerdir.

kimi zaman çocukluğunuz, kimi zaman yetişkinlik, kimi zaman güncel yaşamda anlamsız bir şeyin hatırlanması; anahtarı nereye koymuştum, eşim dün niye öyle söyledi, saat kaç oldu, ayakkabımı nereye çıkarmıştım... bazen de çocukluğunuzun unutulmuş anıları şeklinde olabilir; öğretmeninizin ismi, okula giderken annenizin size söylediği incitici bir söz, arkadaşınıza söyleyemediğiniz içinizde kalan bir duygu gibi....

Metronom dinlemeleri sırasında akla gelen bu düşünceleri bastırmayın.

Bir önceki egzersizde (hissi hissetme egzersizinde) kalbin kıpırtısına ısrarla odaklanmaya çalışırken, akla gelen bütün düşüncelerden sıyrılmaya ve kalbin kıpırtısından kopmamaya çalışırken, bu egzersizde ise akla gelen tüm çağrışımları yok saymadan, bastırmadan, olduğu gibi kabul edip serbest bırakmak esastır...

Yukarıdaki telkinler eşliğinde metronomunuzu 15 dakika boyunca dinleyin...

Sıkılsanız dahi vazgeçmeyin... dinleyin...

İç telaşınız, metronomun yavaşlığı karşısında direnç gösterse dahi vazgeçmeyin, dinleyin...

Egzersizinizi tamamladıktan sonra gözlerinizi açın...

Bir süre daha olduğunuz yerde kalarak sakinliğinizi koruyun...

Bu egzersizinizi, günde 1 defa, gün içerisinde herhangi bir zamanda 'seans odasında' yapmaya başlayın...

Metronomu, gözleriniz açık olarak veya seans odasının dışında, iş yerinde, kalabalık ortamda, arabada dinlememenizi öneririm...

Metronom size **bilinçaltında** etki ederek yavaşlamanızı sağlayacaktır... Egzersizinizi yaptığınız sürece metronomun kararlı ve yavaş ritmi, biyolojik ritminize tesir edecek ve farkına varmadan adım adım yavaşladığınızı hissedeceksiniz... Ancak, onarımınızın daha derinlikli olmasını istiyorsanız **'bilinç düzeyinde'** de kendinizi yavaşlatın...

Bunun için, gündelik yaşam akışınız içerisinde kendinize sürekli 'yavaşla' diyerek telkinde bulunun... Yavaşla telkininin yanına kendi isminizi de söylemeyi ihmal etmeyin...

Bilinç düzeyinizde gerçekleştireceğiniz kendinizi yavaşlatma farkındalığını her davranışınıza yansıtın;

Kendinize sıklıkla isminizi söyleyerek "Yavaşla..." diye telkinde bulunun...

Otururken yavaş...

Kalkarken yavaş...

Yürürken yavaş...

Yemek yerken yavaş...

Su içerken yavaş...

Konuşurken yavaş...

Dinlerken yavaş...

Bakarken yavaş...

Koklarken yavaş...

Dokunurken yavaş olmak için,

Kendinize sıklıkla isminizi söyleyerek "Yavaşla..." diye telkinde bulunun...

SEANSLAR

- 4. HAFTA -
duyguyu yönetmek

ÖN BİLGİLER

Bu hafta, onarım sürecinin en önemli haftasıdır.

Bundan önceki haftalarda yaptığımız egzersizler duyguyu yönetmek için hazırlık aşamalarıydı.

Bu haftada ise artık 'duygularımızı yönetmeyi' öğreneceğiz.

Bir başka deyişle, içimizi daraltan, bunaltan, yaşama sevincimizi düşüren **negatif duyguları fiziksel olarak kökeninde hissedecek'**, o duygular üzerinde yapacağımız **sistematik duyarsızlaştırma** ile **aktivasyonunu** durduracağız.

İsterseniz **duygularımızı yönetmeye** geçmeden önce, buraya kadar öğrendiklerimizi 4 madde ile özetleyelim:

1. Çocukluk yıllarından itibaren tecrübe ettiğimiz bütün olumsuz hisler içimizde bir **birikinti** halinde varlığını sürdürür.

2. Gündelik yaşamda problemli bir durumla karşılaşıldığında bu kök hisler **aktifleşir**, kişiyi savunma davranışına zorlar.

3. Köken hisler aktifleştiğinde **kalpte bir kabarma, daralma, sıkışma... içte bir bunaltı ve huzursuzluk** baş gösterir.

4. Organizmadaki bu huzursuzluk hali kişiyi kimi zaman **öfkeye ve tepkiselliğe,** kimi zaman da yaşam enerjisini tüketerek **içe kapanmaya** zorlar.[43]

Bunlar, **kişinin kontrolü dışında** gerçekleşen ve 'duygu, düşünce ve bedenini' esir alan bir çaresizlik halidir. Bundan dolayıdır ki, kişi gergin olduğunu bilir ancak çaresizce o gerginliği yaşamaya devam eder.

Öfkeli halini bilir, ancak öfkelendiği sırada kırıp geçirmekten kendini alamaz... çaresizce kendine ve çevresine zarar verir...

İncitildiği zaman ağır bir ruh hali yaşayıp yaşama sevincini yitirir... kendini depresyona girmekten alıkoyamaz...

Köken hisler aktifleştiğinde kişi ona esir olmak zorunda kalır.

İşte bu hafta yapacağımız egzersizlerle, köken hislerin aktifleşme sürecini takip edip etkinliğinin nasıl azaltılacağını deneyimleyeceğiz.

---

43) Örneğin, kendisine incitici bir söz söylenilen kişinin organizması, kişide iç daralmaları oluşturarak, olumsuz his aktaran bireyi susturmak ve olumsuz hislerin gelmesini önlemek üzere kişiyi **saldırgan** hale sokar... Veya bir başka kişi, incitici bir söz işittiğinde, onun organizması, kendisine yoğun olumsuz duygular yaşatarak yaşama sevincini tüketip içine kapanmaya zorlar. Her iki durum da kişinin çocukluk yıllarında ne yaşadığı, ne yoğunlukta yaşadığı ve nasıl tepki verdiğiyle ilgilidir.

Burada küçük bir ayrıntıdan daha bahsetmek istiyoruz. Kendini onarmaya çalışan birçok kişinin bir türlü bunu başaramamasının en temel sebebi, öfke öncesi süreçleri göz ardı ederek, **öfke anında** duygusunu yönetmeye çalışmasıdır. Bir başka deyişle, öfke yönetiminin, yukarıda sıralandığı gibi, organizmanın aktifleşme sürecinin 4. aşamasından başlatılması yanlıştır.

Öfkeyi yönetmek, öfke öncesi köken hislerin aktivasyonunun yok edilmesi ile mümkündür.

Öfke son aşamadır. Ve başladığı andan itibaren yönetilmesi oldukça zor bir duygudur.

Yukarıda da izah edildiği gibi, **öfke tek başına bir dışavurum** değildir. Öfke anında bireyin, **'duygu, düşünce ve bedeni'**[44] organizmanın esiri olur.

Öfkeyi bastırmaya çalışmak, patlamış bir su borusundan çıkan suyu durdurmaya çalışmaya benzer... Boru patlayıp su tazyikle dışarı fışkırdığında suyun fışkırdığı yeri kapatmaya çalışmak zor ve anlamsızdır, suyu durdurmak için vanayı kapatmak gerekir... Aynı bunun gibi, öfke dışa vurmaya başladığında müdahale etmeye çalışmak o kadar zor ve anlamsızdır.

---

44) 1- Köken hisler aktifleştiğinde **'duyguları esir alır':** Bireyin kendini **iyi hissettiği** bütün duygular **kötü bir hisse** dönüşür. Yaşama sevinci tükenir. 2- Köken hisler aktifleştiğinde **'düşünceyi esir alır':** Birey içindeki kötü hissin ve yaşama sevincinin tükenmesinin karşıdaki kişiden kaynaklandığını zanneder. 3- Köken hisler aktifleştiğinde **'bedeni' esir alır:** Bireyin kasları kasılır, vücut dili gergin bir hale bürünür. (Benim uçak fobimde köken hislerin bedenimi esir alıp koltuğa yapıştırması da bundandı.)

Öfke açığa çıkmaya başladığında yapılabilecek tek şey kalır elde; onu zarar vermeyecek bir yerlere yöneltmek... Yastıkları yumruklamak... avaz avaz bağırmak... çevreye zarar vermemek için kendini bir odaya kapatmak...

Bazı durumlarda, öfkeli kişi sürekli kendini yorarak köken hislerin aktifleşip bir enerji oluşmasının önüne geçmeye çalışır; yoğun spor yapmak, düşük enerjili besinler tüketmek, olumsuz dürtülerden uzak durmak gibi...

Bu iki yöntem de doğru ancak yetersizdir... Kişi her ne kadar enerjisini tüketip öfkeyi kullanamaz hale gelse ya da öfke anında yastıkları yumruklasa da köken his varlığını sürdürür... O gün olmasa da bir başka gün yine aktifleşecek, bireyi tesir altına alacaktır.

Onarımın asıl başarısı; **köken hislerin aktifleşmesini önlemek, henüz öfke dışavurumu oluşmadan süreci durdurmaktır.**

Onarımda öfke değil, öfke öncesi süreç yok edilmekte, köken hislerin aktivasyonu sonlandırıldığı için kontrolsüz öfke oluşmamaktadır.

Bundan dolayı, bu seansta organizmanın aktifleşme sürecinin 2. aşamasına yoğunlaşacağız ve köken hislerin aktifleşmesini yönetmeye çalışacağız... Bunu başarabilirsek, bir problem durumunda köken hisler artık aktifleşmeyecek, kişiyi daraltmayacak, bunaltmayacak, kalbini sıkıştırmayacak ve böylece kişi iç daralmasıyla öfkeye bürünmeyecektir...

Onarım sürecini tamamlayan birçok kişinin[45] süreç sonunda "nedense artık öfkelenemiyorum" diye şaşkınlık yaşamasının temel nedeni budur.

Bir danışanım, onarım sürecinin sonunda "Önceden, oğlumun çantasını koyduğu yer, defterini kullanış şekli, yazısının bozukluğu, elbiselerini odasında dağınık tutması gözüme batar, öfke ile çocuğa söylenir dururdum... Çok üzülüyorum şimdi o günlere. Aklıma geldiğinde, 'Ben niye öfkeleniyormuşum' diye o duyguyu hatırlamaya çalışıyorum... bulamıyorum... kendime şaşırıyorum..." demişti.

Onarımda öfke değil, öfke öncesi süreç yok edilmekte, köken hislerin aktivasyonu sonlandırıldığı için kontrolsüz öfke oluşmamaktadır.

Peki pratikte bunu nasıl yapacağız?

Önce organizmamızın işleyişi hakkında kısa bir ön bilgiye daha ihtiyacımız var. **Organizmamız, hayalde oluşan düşüncelere gerçek yaşamda tepki verir...**

---

45) Onarım sürecini tamamlayan bazı kişilerin hikâyelerini kitabın arka kısmında bulabilirsiniz.

Bir başka deyişle, zihnimizde oluşan olumsuz bir düşünce, aynı gerçek yaşamda karşılaştığımız bir olumsuz durumda olduğu gibi, organizmada huzursuzluğa yol açar.

Örneğin, çocuğunun öğretmeninden "Çocuğunuz sınıftaki en tembel öğrenci" sözünü işiten bir anne babanın duyduğu huzursuzluk ile... bu sözü duymadığı halde **kendi kendine** 'Çocuğum galiba sınıfın en tembel çocuğu' diye **düşünen** bir anne babanın içinde hissettiği huzursuzluk birbirine yakındır.

Birinde organizmanın 'gerçek yaşamda' alınan olumsuz hislere verdiği tepki, diğerinde, 'gerçekte olmayan', fakat zihinden geçen bir olumsuzluğa verdiği tepki vardır... Ancak her iki durumda da organizma bireyi gerçek yaşamda daraltır...

Çocuğunun başına kötü bir şey geleceğini hayal eden annenin yaşadığı durum gerçek değil sadece hayaldir, ancak hissettiği daralma gerçek yaşamda bir daralmadır...

Organizmanın, **gerçek yaşamda** karşılaştığı olumsuzluklarla **hayalde** oluşan olumsuzlukları birbirinden ayırt edebilecek yeteneği yoktur.

Organizmanın bu özelliği, her ne kadar bir zaafmış gibi görünse de kişinin kendini onarmasında önemli bir araç olacaktır.

İşte bu hafta, hayalde oluşturduğumuz olumsuzluklara organizmanın gerçek yaşamda tepki vermesi özelliğini kullanarak duygularımızı onarmaya çalışacağız...

Hassas olan yanlarımızı gerçek yaşam dışında, sanki sanal bir ortamda aktifleştirip emniyetli bir şekilde o aktivasyonu sonlandırmaya çalışacağız. Böylece gerçek yaşamda benzer durumlarla karşılaştığımızda, organizmamızın aktivasyon süreci yavaşlamış ve onun üzerindeki hakimiyetimiz artmış olacak.

Bu seans 3 etaptan oluşacak:

1. Etap

• Zihinde olumsuz düşünceler oluşturulup organizmanın bu düşüncelere gerçek yaşamda iç daralmasıyla tepki vermesi sağlanır (Köken hisler uyarılır).

• Uyarılan köken hislerin huzursuzluk şiddeti (uygulamada tarif edileceği şekilde) artırılır.

• Yaşanan iç gerilimine 1 ile 10 arasında puan verilir (1 en düşük, 10 en yüksek).

Organizmanın, gerçek yaşamda karşılaştığı olumsuzluklarla hayalde oluşan olumsuzlukları birbirinden ayırt edebilecek yeteneği yoktur.

• Uyanan köken hislerin aktivasyonu (uygulamada tarif edildiği gibi) **sistematik duyarsızlaşma** ile kontrol altına alınır.

• Birinci etap yaklaşık 3 dakikada tamamlanır.

...

• 1 dakika ara verilir.

2. Etap

• Ara verdikten sonra tekrar köken hislere yoğunlaşılır.

• İç gerilimin şiddeti yeniden kontrol edilir... 1 ile 10 arasında puan verilir.

• Uyanan köken hislerin aktivasyonu (uygulamada tarif edildiği gibi) **sistematik duyarsızlaşma** ile kontrol altına alınır.

• Yaklaşık 3 dakika süren 2. etap tamamlanır.

...

• 1 dakika ara verilir.

3. Etap

• Üçüncü etaba geçildiğinde tekrar köken hislere yoğunlaşılır.

• İç gerilimin şiddeti yeniden kontrol edilir... 1 ile 10 arasında yeniden puan verilir.

• Uyanan köken hislerin aktivasyonu (uygulamada tarif edildiği gibi) **sistematik duyarsızlaşma** ile kontrol altına alınır.

....

• 1 dakika ara verilir.

....

• İç gerilimin şiddeti yeniden kontrol edilir.

• İç gerilimin şiddeti 1-2 arasında bir şiddete kadar azalmış ise, (uygulamada tarif edildiği gibi) kalpten burun ile derin bir nefes alınır. Bu nefes ile kişi kendini iyi hisseder.

· Sonuç olarak, yüksek huzursuzluk duygusu oluşturularak başlanılan bu egzersizde o duygu 3 aşamada yok edilmiş olur.

Kişi olumsuz duygularla başladığı seansı olumlu duygularla tamamlamıştır.

On dakika önce iç daralması yaşandığı halde, 10 dakika sonra o huzursuzluk artık yoktur. Bu durum, bizde şu farkındalığı kazandırmalıdır. **Hiçbir duygu gerçeklik barındırmaz, tüm hissettiklerimiz sadece bir yanılsamadan ibarettir.**

Hiçbir duygu gerçeklik barındırmaz, tüm hissettiklerimiz sadece bir yanılsamadan ibarettir...

UYGULAMA

- Seans odasına geçin.

- Emniyetli oturuşunuzu yapın.

- Sırtınızı yaslayın.

- Burnunuzdan 2 defa derin nefes alarak ve ağzınızdan uzunca vererek, bir iç yolculuğuna çıkacakmış gibi kendinizi hazırlayın.

Telefonunuzla QR Kodu Okutunuz

1. ETAP

1. GÖZLERİ KAPA

Gözlerinizi kapatarak zihninizde olumsuz düşünceler oluşturmaya çalışın.

Bu düşünceler geçmiş zamanda yaşadığınız can sıkıcı bir olay olabileceği gibi içinde bulunduğunuz zaman diliminde sizi hoşnutsuz edecek herhangi bir durum da olabilir.

Veya gelecekte karşılaşmak istemeyeceğiniz, can sıkıcı bir olayı da hayal edebilirsiniz.

Zihninizde bu hayali ince ayrıntısına kadar detaylandırın.

En olumsuza doğru yolculuk yapın.

Ta ki içinizde bir huzursuzluk hissedinceye kadar bu düşünceyi genişletin.

2. DUYGUYA ODAKLAN

Kalbinizde bir huzursuzluk hissettiğinizde sağ elinizi kalbinizin sol yan tarafına[46] koyarak içinizdeki hoşnutsuzluk duygusuna odaklanın.

Zihninizde olumsuz çağrışımları devam ettirip köken hislerin aktifleşmesini ve içinizin daralmasını hissedin.

3. HİSSE TUTUN

Kalbinizde hissettiğiniz hoşnutsuzluk hissine burnunuzdan 'hafif, kısa, kesik' nefesler alarak tutunun.

Burundan alınan hafif hafif nefesler, oluşturulan hoşnutsuzluk hissinin şiddetini artırır.

Aldığınız nefeslerin kalbinizdeki ağrının, baskının, daralmanın şiddetini artırdığını hissedin.

Hissettiğiniz ağrının şiddetine (dikkatinizi dağıtmadan) 1-10 arası puan verin.[47]

---

46) Hissi hissetme egzersizinde olduğu gibi.
47) Ağrının şiddetine verdiğiniz puan tamamen sizin o şiddeti nasıl hissettiğinizle ilgilidir.

4. HİSSİ TAKİP ET

En üst seviyeye çıkarttığınız hoşnutsuzluk hissine iyice odaklanın.

Bu noktayı iyi tanıyın.

İşte şu an, içinizde köken hislerin aktifleştiğini derince hissedin.

Aktifleşen köken hislerin, kalbinizde oluşturduğu huzursuzlukla sizi bir eyleme zorladığını hissedin.

Hiçbir eylemde bulunmayın.

• Bu huzursuzluk sizi derin nefes alıp rahatlamaya zorlayabilir.

▶ Derin nefes almayın.

• Bu huzursuzluk sizi birilerine öfkeye yönlendirebilir.

▶ Duygularınızı kimseye yönlendirmeyin.

• Bu huzursuzluk sizi hüzünle ağlamaya zorlayabilir.

▶ Kendinizi bırakmayın ve ağlamayın.

• Bu huzursuzluk sizi daha çok daraltıp odaklanmaktan vazgeçirmeye zorlayabilir.

▶ Vazgeçmeyin, hissetmeye devam edin.

• Bu huzursuzluk, yüz, omuz, kol kaslarınızı kasmaya, kendinizi sıkmaya zorlayabilir.

▶ Kendinizi bırakın, hiçbir kasınızı kasmayın.

> *Birey olumsuz bir olay yaşadığında, kendisine olumsuzluk yaşatan kişiyi yok etmeye, bastırmaya çalışmak yerine, içinde oluşan duyguya odaklanmalıdır...*

Köken hislerin sizden beklediği hiçbir eyleme yönelmeyin. Sadece içinizdeki bu daralmayı seyredin. Bedeninizi duygularınıza teslim etmeyin.

Ağrıya sebep olan yeri seyredin.

Kalbinizde nasıl bir baskı oluşturduğunu sadece seyredin.

Kımıldamadan....

Şiddetini azaltmaya çalışmadan....

Neden kaynaklandığını düşünmeden...

Sadece içinizdeki hoşnutsuzluk hissinin davranışını takip edin...

Sıkıyor gibi mi?

Batıyor gibi mi?

Daraltıyor gibi mi?

Fiziksel bir ağrı gibi mi?

Sanki içinizde bir canavar var... kalbinizi sıkarak... daraltarak... baskı oluşturarak sizden bir şey yapmanızı beklediğini hissedin...

Tüm saldırgan davranışlarınızın, tüm öfkenizin buradan yönetildiğini... içinizdeki bu acı ile sağa sola saldırdığınızı hissedin...

Kımıldamadan izleyin içinizdeki köken hislerin eylemlerini...

Yaklaşık 5 dakika kadar, içinizdeki bu baskının sizden beklediği hiçbir eylemi yapmadan, sadece o hissi seyrederek bekleyin.[48]

Gözlerinizi açın.

NE ÖĞRENDİK?

Birinci Etap'ta içimize derinleşerek aktifleşen köken hislerimize erişmeye çalıştık.

Köken hislerimizin duygularımız üzerinde oluşturduğu baskıları hissetmeye yöneldik.

---

48) Gündelik hayatta bir olumsuz durumla karşılaşıldığında, farkındalığı düşük olan kişi, içindeki huzursuzluğun etkisiyle, kendisine olumsuz duygu yaşatan kişiye tepki gösterir, saldırganca tutum sergiler. Bu saldırganlığın bilinçaltı nedeni, organizmada oluşan huzursuzluğu besleyen dış dürtünün ortadan kaldırılmasıdır. Halbuki bu bir yanılgıdır. Birey olumsuz bir olay yaşadığında, kendisine olumsuzluk yaşatan kişiyi yok etmeye, bastırmaya çalışmak yerine, içinde oluşan duyguya odaklanmalıdır... Aktivasyonun durdurulması, 'eylemsizlik'le mümkündür. Kişi içinde oluşan hoşnutsuzluk hissi sırasında, savunmasız ve eylemsiz kalır ve hissi takip ederse, bu hissin verdiği rahatsızlığa karşı güçlenir, sistematik duyarsızlaşma ile geçmişte oluşmuş hassasiyetlerin onarılmasını gerçekleştirir.

Her ne kadar içimizde bu baskılardan kaynaklanan daralmalar yaşasak da vazgeçmedik, dinlemeye devam ettik.

Kaçmadık...

Sakınmadık...

Köken hislerin organizmada oluşturduğu saldırganca tutumları dışarı yansıtmadık...

Aktifleşen köken hislerimizle baş başa kalıp kalbimizde oluşturduğu acıları takip etmeye ve tanımaya çalıştık...

Organizmanın bizden beklediği tepkisel davranışları sergilemedik...

İlk kez köken hislerin eylem çağrılarına karşılık vermedik...

Normalde, köken hisler aktifleştiğinde, içimizde oluşturduğu daralmayla saldırganca tutum sergilerken bu defa eylemsiz kaldık...

Bu, organizmamız için tanıdık olmayan bir davranıştır...

Şu an organizmamızla bir mücadele içindeyiz...

Zihnimizde oluşturduğumuz olumsuz düşüncelerle köken hislerimiz aktifleşti, organizmada aktifleşen köken hisler içimizi daraltıyor, bizden bir şey bekliyor (tepkisellik ve saldırganlık) ancak beklediği davranış gerçekleşmiyor.

Bu durum organizma tarafından şaşkınlıkla karşılanır. İlk kez duygularımızla giriştiğimiz bu mücadeleye organizma anlam veremez.

Ortaya koyduğumuz bu davranış hem bizi hem de organizmamızı yordu...

Şimdi, yaklaşık 1 dakikalık bir ara vereceğiz.

Verdiğimiz bu ara ile, yeni duygular tadacak ve güçlenmeye çalışacağız... 2. Etap'a daha güçlü başlamaya çalışacağız.

1 DAKİKALIK ARA

1.   GERİNME DAVRANIŞI

Telefonunuzla QR Kodu Okutunuz

Burnunuzdan derince nefes alarak....

1. Kollarınızı önce sağa çapraz genişçe açın ve derin nefes alın.

2. Sonra sola çapraz genişçe açın ve derin nefes alın.

3. Sonra ortadan yanlara doğru genişçe açın ve derin nefes alın.

4. Sonra göğsün üzerinden yanlara doğru genişçe açın ve derin nefes alın.

5. Daha sonra kollarınızı bir kalp çizer gibi aşağıdan yukarıya doğru hareket ettirerek derin nefes alın.

Gerinin.

Ve rahatlayın...

2. KALKIN VE YÜRÜYÜN

Gerinme davranışından sonra ayağa kalkın ve seans odanızda yavaşça ve sakince 15 adım yürüyün.

Yürürken kaslarınızı bırakın ve rahatlayın.

Yürürken de derin nefes alarak gerinin.

3. AĞZINIZA BİR LEZZET ALIN

Yürüdükten sonra ağzınıza bir parça tatlı veya ekşi bir meyve alın, ağzınızın içinde hissede hissede ısırın.

Meyvenin tüm tadının bedeninize yayıldığını hissedin.

Yaklaşık 15 saniye sürecek olan bu eylemden sonra bir pencere kenarına gelin.

4. YAŞAMI SEYREDİN

Pencerenin önünde durup yaşamı seyredin.

Ağaçları seyredin.

Gökyüzünü seyredin.

İnsanları seyredin.

Yeryüzünde koca bir yaşam olduğunu düşünün ve seyredin.

Probleminizin bu koca yaşamdan daha küçük olduğunu düşünün.

Ve yeryüzünü seyredin.

Yaklaşık 1 dakikalık bu arada, yukarıdaki 4 davranışı yaparak fizyolojik olarak bir miktar güçlendiniz... Organizmanızdaki aktifleştirdiğiniz köken hisler ise hâlâ birinci etapta olduğu gibi aktif bir şekilde sizin ne yapacağınızı anlamlandırmaya çalışıyor... Şimdi, seans odanıza tekrar geçip emniyetli oturuş pozisyonunda 2. Etap'a başlayın.

2. ETAP

Gözlerinizi kapayın.

Sağ elinizi kalbinizin sol yan tarafına koyun.

Kalbinizdeki olumsuz hisse odaklanın.

Burnunuzdan hafif, kısa, kesik nefesler alarak bu hisse tutunun.

Hafif hafif nefes almaya devam edin.

Köken hislerinizin yeniden aktifleştiğini hissedin.

İçinizde oluşturduğu ağrının şiddetine 1-10 arası bir puan verin.[49]

Kendinizi bırakın.

---

49) Muhtemelen 1. Etap'ta kalbinizde hissettiğiniz ağrının şiddeti 2. Etap'ta azalmıştır. Bir dakikalık arada edindiğiniz yeni duygular, köken hisse karşı sizi güçlendirdi. Ve köken hisler bedeniniz üzerinde herhangi bir eylem yapamadığından dolayı gücünü bir nebze yitirdi. Eğer köken hisler vücudunuza tutunabilseydi, kaslarınızı gerseydi, sizi derin nefes aldırmaya zorladığı sırada derin nefes alsaydınız güçlenecekti... Şu anda kalbiniz boşlukta sallanır gibi, bedeninize tutunmadan, gücünü artıramadan... Hatta gücünü daha da azaltmış olarak karşınızda yeniden duruyor...

Yeniden aktifleşen köken hislerinizi takip edin.

Kalbinizde nasıl bir acı oluştuğunu takip edin.

Daralmanıza rağmen, derin nefes almadan...

Kasılmadan...

Ağlamadan...

Bastırmadan...

Sadece bu hissi takip edin.

Kalbinize acı veren noktayı tam olarak yerinde hissedin.

Nasıl bir acı olduğunu seyredin.

Kalbinize iğne gibi mi batıyor?

Sıkıyor mu?

Daraltıyor mu?

Hiçbir şey yapmadan sadece acıyı dinleyin.[50]

5 dakika boyunca acıyı dinlemeye devam edin.

1 DAKİKALIK ARA

2. Etap'ı tamamlandıktan sonra yeniden 1 dakikalık ara verin.

1. GERİNME DAVRANIŞI

Burnunuzdan derince nefes alarak....

---

50) Acıyı dinlemek, o acıya karşı sizi güçlendirecek... Hassas duygularınızın sürekli aktifleşip daraltmasına karşı, sistematik bir duyarsızlaşma ile onarılmanızı sağlayacaktır.

1. Kollarınızı önce sağa çapraz genişçe açın ve derin nefes alın.

2. Sonra sola çapraz genişçe açın ve derin nefes alın.

3. Sonra ortadan yanlara doğru genişçe açın ve derin nefes alın.

4. Sonra göğsün üzerinden yanlara doğru genişçe açın ve derin nefes alın.

5. Daha sonra kollarınızı bir kalp çizer gibi aşağıdan yukarıya doğru hareket ettirerek derin nefes alın.

Gerinin.

Ve rahatlayın...

2. KALKIN VE YÜRÜYÜN

Gerinme davranışından sonra ayağa kalkın ve seans odanızda yavaşça ve sakince 15 adım yürüyün.

Yürürken kaslarınızı bırakın ve rahatlayın.

Yürürken de derin nefes alarak gerinin.

3. AĞZINIZA BİR LEZZET ALIN

Yürüdükten sonra ağzınıza bir parça tatlı veya ekşi bir meyve alın, ağzınızın içinde hissede hissede ısırın.

Meyvenin tüm tadının bedeninize yayıldığını hissedin.

Yaklaşık 15 saniye sürecek olan bu eylemden sonra bir pencere kenarına gelin.

4. YAŞAMI SEYREDİN

Pencerenin önünde durup yaşamı seyredin.

Ağaçları seyredin.

Gökyüzünü seyredin.

İnsanları seyredin.

Yeryüzünde koca bir yaşam olduğunu düşünün ve seyredin.

Probleminizin bu koca yaşamdan daha küçük olduğunu düşünün.

Ve yeryüzünü seyredin.

Emniyetli oturuşunuzu yapın.

3. Etap'a başlayın.

3. ETAP

Gözlerinizi kapayın.

Sağ elinizi kalbinizin sol yan tarafına koyun.

Burnunuzdan hafif, kısa, kesik nefesler alarak kalbinizdeki acıya tutunun.

Acının hâlâ orada olup olmadığını kontrol edin.

Acının şu anki şiddetine puan verin.[51]

Acının kalbiniz üzerindeki eylemini takip edin.

İnce bir sızı halinde kalbinizin üzerinde nasıl yayıldığını hassasça seyredin.

Hiçbir eylemde bulunmayın.

Derin nefes almayın.

Acının kaynağı olarak herhangi bir düşünceye yoğunlaşmayın.

Bastırmayın.

Oflamayın.

Kendinizi bırakmışçasına sadece hissi takip edin.

5 dakika boyunca içinizi seyretmeye devam edin.

....

Gözlerinizi açın.

Kalbinizden burnunuzla derin bir nefes alarak...

Kollarınızı iki yana açarak gerinin.

Bunu 3 kez tekrar edin.

Gözlerinizi yeniden kapatın.

Kalbinizdeki ağrının yok olduğunu hissedin.

---

51) Muhtemelen kalbinizdeki ağrının şiddetinin 2. Etap'taki şiddetten daha az olduğunu hissedeceksiniz... Bazı durumlarda, 3. Etap'ta ağrının yok olduğu hissedilebilir. Eğer öyle olduysa mümkün olduğunca yoğun bir konsantrasyonla köken hisse yeniden tutunmaya gayret edin. Köken hissin aktivasyonu azalınca dığı zamanlarda, birey bu hissin sanki tamamen yok olduğu yanılgısına düşebilir... Mümkün olduğunca 3. Etap sonuna kadar seansınızı tamamlamaya çalışın...

Üç etap boyunca içinizde duyduğunuz hoşnutsuzluk hissinden arta kalan boşluğu hissedin.

Kalbinizden hafifçe, keyifle, kendinizi iyi hissederek nefes alın.

Olumsuz hislerden boşalan yere kendinizi iyi hissedercesine kalbinizden yeniden nefes alıp oraya pozitif duygular yerleştirin.

Kalbinizden aldığınız tatlı, pozitif duyguların sımanıza yayıldığını hissedin.

Bunu üç defa tekrar edin.

Kendinizi iyi hissedin.

1. Etap'a başladığınızda içinizde hissettiğiniz ağrının şiddetiyle 3. Etap'taki ağrının şiddetini kıyaslayın...

1. Etap'ta şiddet 7-8 derece ise şu anda (muhtemelen) 1-2'ye kadar düştüğünü fark edin.

Yaptığınız egzersizlerle seansın başında, sizi daraltan, bunaltan ve saldırganca tutumlara sevk eden acıların seansın sonunda kaybolduğunu fark edin.

Şu an, 15 dakikalık bir işlemle duygularınızda yaşadığınız olumsuzluğu yönetebileceğinizi tecrübe ettiniz.

Demek ki, hiçbir duygu sabit değildir, gelip geçicidir.

Duygularının farkında olmayan, onların insanı nasıl yönettiğini henüz göremeyen bir kişi, kendini kötü hissettiğinde organizmanın kendisinden beklediği saldırganca davranışı sergileyerek kendini **savunmaya** yönelir.

Farkındalığı yüksek olan kişi ise, gerek zihninde gerekse gerçek yaşamda olumsuz sinyaller aldığında, kendini kötü hissettiren duruma odaklanmaz, duygularına odaklanır. Bir olumsuzluk karşısında olumsuzluğu yok etmek için savunmaya girişmez, duygularının kendisini yönetmesine karşı direnç gösterir, duygularını yönetmeye çalışır. Eğer bunu becerebilirse, kendini adım adım güçlendirir. Bir süre sonra artık duyguları onu değil, o duygularını yönetmeye başlar.

Böylece kişi, çevresini değiştirmek yerine, kendini güçlendirmiş olur. Çevresinden gelen olumsuzluklar onun 'güçlü' duygularına tesir edemez hale gelir.

O halde, bilmemiz gerekir ki yaşadığımız her duygu o anlıktır. Kendimizi kötü hissettiğimiz duygu da anlıktır, iyilik hali de... Eğer bize kendimizi kötü hissettiren duyguları yönetebilir (onları iyi hisse dönüştürebilir) ve kendimizi iyi hissettiğimiz duyguları da doyasıya yaşamaya izin verirsek 'kendimizi gerçekleştirme' yolunda en büyük adımı atmış oluruz.

Duyguları yönetebilmenin en önemli aşaması, bu seansta gördüğümüz üzere, içimizde hissettiğimiz duyguların bedenimize hakim olmasını önlemektir. Duygunun beden üzerinde hakim olmasını önleyebilmek için yapacağını tek şey, bedeninizi 'bırakmanız'dır...

Duygularınız bedeniniz üzerinde gerilim oluşturmaya çalışırken vücudunuzu bırakın... Olumsuz duygular bedene tutunabildikçe güçlenir. Tutunamadıkça zayıflar ve bir süre sonra aktivasyonunu kaybeder. Artık o duygu sizi yönetmek için kalbinizi sıkmak yerine, bir olumsuzluk durumunda sizin ne yapacağınızı bekler. Ya duygunun yaşanmasına izin vereceksiniz ya o duygunun aktivasyonunu söndürüp eylemsizliğe büründüreceksiniz.

Kitabın giriş bölümünde uçak fobimden bahsetmiştim. Bundan nasıl kurtulduğumu ilerleyen bölümlerde anlatacağımı söylemiştim.

İşte tam da bunu anlatmamız gereken noktadayız...

Uçak Fobimin Onarım Süreci

Hatırlarsanız uçağa bindiğim sırada bütün vücudumun kasıldığını, duygularımın bedenimi ele geçirdiğini söylemiştim. Uçak daha yerde hareket etmeye başladığında duygularımın bedenim üzerindeki etkisi karşı konulmaz bir şekilde artıyor ve koltuğa sımsıkı yapışıyordum. Uçak hız alıp yükselmeye başladığında ise bütün bedenim koltuğa kilitlenmişçesine tutunuyordu.

Uçak fobimden kurtulabilmek için dördüncü seansta (ve kısmen beşinci seansta) anlatacaklarımı uygulamaya koyuldum.

Duygularımda hissettiğim gerilimi bedenime yansıtmamayı ve duygularımı hissederek takip etmeyi denedim.

Bunu şu şekilde yaptım:

Önce, bu seansta anlattığımız şekilde, seans odasında, sanal ortamda, uçak yolculuğu düşünceleri ile içimde gerilimler oluşturdum. Kendimi bir uçak yolculuğu anında hissederek kalbimdeki daralmaları takip etmeye çalıştım. Bu daralmaların bedenimin üzerindeki etkisini seyrettim. Kalbim sıkıştıkça duygularım bedenimin üzerinde etkisini artırmaya çalışıyordu... Dudaklarımı sıkıyordum, omuzlarım kendiliğinden kalkar gibi oluyordu... Kalbimdeki huzursuzluk bedenimi 'savunma' haline yönlendiriyordu... Bedenimi sanki uçak düşüyormuş gibi bir pozisyona sokmaya çalışıyordu...

Bense duygularımın benden istediği şeyi yapmak yerine vücudumu 'bırakıyordum'... Duygularımın bedenimin üzerinde tesir oluşturmasına 'kendimi bırakarak' izin vermiyordum...

Haftalarca içimi dinleyerek hissettiğim gerilimi bu kitapta anlattığımız şekilde yönetmeye çalıştım. Bir süre sonra, duygularımı yönetebildiğimi gördüm. Artık hayalen oluşan hoşnutsuzluğu yönetmeyi başarıyordum. Hoşnutsuzluk hislerini iyi hissetmeye dönüştürebildim.

Ancak bunu gerçek olmayan bir ortamda yapabiliyordum. Peki ya uçağa gerçekten bindiğimde ne olacaktı?

Gerçek ortamda da duygularımı yönetebilmek için uçağa binmeliydim. Duygularımın bedenim üzerindeki etkisini gerçek ortamında da gözlemlemeliydim.

Bunun için, yaklaşık üç ay boyunca haftada bir olmak üzere kısa mesafeli uçak biletleri aldım.

İlk terapi yolculuğumda havaalanına geldiğimde kalbim sıkışmaya başlamıştı bile. Ancak belki sanal ortamda duygularımı yönetmeyi öğrendiğim için, bu gerilim çok uzun sürmemişti.

Uçağa bindiğimde içimde tuhaf bir şeyin aktığını hissettim.

İşte şimdi, geri dönüşü olmayan bir yerdeydim.

Koltuğa oturdum.

Emniyet kemerini bağladım.

Yaptığım bu 'çılgınlığın' hayatıma mal olacağı düşüncesi geldi ilk önce aklıma.

Ama kendimi onarmalıydım. Bu bir lüks değil, kendimi gerçekleştirebilmem için bir ihtiyaçtı.

Gözlerimi kapattım...

İçimde neler olduğunu hissetmek için, hissimi hissetmeye odaklandım...

O anda uçağa ve yolculuğa odaklanmak yerine, köken hislerimin (dördüncü seansta öğrendiğimiz gibi) nasıl aktifleşmekte olduğunu içimde takip ettim.

Kalbimin ince bir noktasından iğne batmış gibi bir sızının bütün kalbime yavaş yavaş yayıldığını fark ettim.

Sanki kalbime ince bir elektrik verilmiş gibi korkunç bir baskı oluştuğunu gözlemledim.

Bedenimin yavaş yavaş uyarılmaya ve içimde takip ettiğim bu duygulara esir olmaya başladığını gözlemledim.

Bir kuklaya dönüşüyor gibiydim.

Kalbimden gelen sinyaller omuzlarıma, kollarıma, bacaklarıma kasılma hissi veriyordu.

Bütün bunları şaşkınlık içinde takip ediyordum.[52]

İşte duygularımın bedenim üzerinde gerilim oluşturmaya çalıştığı tam bu an, kendimi onarabilmemin en kritik anı idi.

Her ne kadar kalbimdeki gerilim bedenimde aktifleşmeye çalışıyor olsa da ben vücudumu tamamen **gevşeterek**, **'bırakarak'**, duygularımın bedenim üzerinde hakimiyetine engel olmaya çalışıyordum.

Ölü gibi...

Duygularım kollarımı kasmaya çalışıyor, ben kollarımı bırakıyordum...

---

52) Bireyin kendini onarabilmesinin temel şartı duygularında gerçekleşen eylemleri hisler yle değil akılcıl olarak takip etmesidir. Duygularını sanki kenardan bir yerden gözlemliyor gibi, şaşkınlık ve hayret içinde etkide kalmadan takip edebilmesi önemlidir.

Bireyin kendini onarabilmesinin temel şartı duygularında gerçekleşen eylemleri hisleriyle değil akılcıl olarak takip etmesidir...

Köken hisler aktifleşiyor, bacaklarımı kasmaya çalışıyor, bacaklarımı bırakıyordum...

İçimdeki gerilim çeneme yansıyor, dişlerimi sıkmak, dudaklarımı birbirine kenetlemek hissi uyanıyor, ancak tüm bunları yapmıyor, kendimi bırakıyordum...

O anda dışarıda neler oluyor, hiçbir şeye odaklanmıyor, sadece duygularıma yöneliyor, **'duygularımın bedenim üzerindeki aktifleşme sürecini'** takip ediyordum.

Dakikalar ilerlemiş, uçak pistin sonuna kadar gelmiş, motordan kuvvetli bir ses çıkmaya başlamış, ancak ben dış dünya ile temas kurmamaya gayret etmiştim.

Gözlerim kapalı, içimi seyrediyordum.

Uçak pistte hızlıca hareket etmeye başladığında uçağa değil, kalbime odaklanmıştım.

Kalbimde hissettiğim baskı, 9-10 şiddetinde idi.

Ben bedenimi bırakıyordum, kalbim annesine tutunmak isteyen bir çocuk gibi bedenime sarılmaya çalışıyordu.

Kalbimi sanki bir boşluğun içinde sallanır gibi hissediyordum.

Hiçbir yere tutunamıyordu.

Bendeki yansıması, çığlık çığlığa korku içinde bağıran bir çocuk gibiydi.

Soğukkanlılıkla kalbimin bu davranışını seyrederken bedenim tamamen olmasa da kısmen gevşemiş ve kendimi büyük bir mücadelenin içinde bulmuştum.

Biliyordum ki azıcık izin versem ve duygularımın bedenim üzerinde hakimiyetine müsaade etsem, köken hisler baraj kapağı açılmış bir su birikintisi gibi tepeden tırnağa bütün vücudumu saracak ve beni koltuğa kilitleyecekti.

Büyük bir dirençle bedenimi bırakıyor (henüz rahatlayamıyor olsam da), köken hislerimin bedenime yayılmasına engel oluyordum.

Kalbim bir boşlukta gibi öylece sallanıyordu sanki içimde...

Yaklaşık bir saat süren yolculuk boyunca ne yolculara ne hostese ne de uçağın şekline odaklanmıştım.

Tek odak noktam, kalbimin ince bir noktasında iğne gibi batan sızıya bedenimi teslim etmemekti...

Uçak, inişe geçtiğinde bedenimin üzerindeki gerilim azalmaya başladı.

İçimi sıkan 'dev el' kalbimi yavaşça bırakmaya yöneldi.[53]

Uçak, yere yaklaştıkça kalbimi sıkan el kalbimi gevşetiyor, bedenimde büyük bir rahatlama hissediyordum.

Uçağın tekerleri yere değdiğinde hem akıl hem de duygu düzeyinde büyük bir rahatlama hissetim.

Aynı gün geldiğim yere dönüş yolculuğu yapacaktım.

Dönüş Yolculuğu

Havaalanında, bekleme salonunda oturdum. Gözlerimi kapatıp duygularımla (bilinçaltımla) konuşmaya başladım.

'Nasılsın?'

'İyiyim, ama korkuyorum...'

---

53) Uçak yolculuklarında riskin en yüksek olduğu anlardan biri uçağın inişe geçtiği andır. Bunu biliyordum. Ancak köken hisler akılla yönetilemediği için, riskin en yüksek olduğu zamanda içimdeki gerilim artırmıyor, aksine azalıyordu. Çünkü onarıma ihtiyaç duyan kişide akıl ve duygu birbiriyle uyum içinde çalışamaz. Akıl her ne kadar objektif doğruyu bilse de, bunu kendine telkin etse de, duygu aklın bu gerçeğinden yola çıkmaz. Duyguların kendine has biriktirdiği hafıza (buna bilinçaltı demiştik) zihinden bağımsız çalışır. Aklın değil, kendi biriktirdiği hislerin tesiri ile kişiyi yönetmeye girişir. Uçağın inişi esnasında bilinçaltım yolculuğun bitmekte olduğunu hissederek bedenim üzerindeki gerilimi azaltmaya başladı. Aklım ise iniş esnasında uçağın düşme riskinin arttığını söylüyordu. Bilinçaltım rahatlıyor, bilinç düzeyinde kaygım devam ediyordu... Bu çatışmanın bendeki görünürlüğü, kısmi rahatlama idi. Bedenim ve duygularım üzerinde bilinçaltımın daha etkili olduğunu ilk defa bu kadar belirgin biçimde hissediyordum.

'Gördün mü? Bir şey olmadı.'

'Ya olsaydı?'

'Olsaydı, senin dediğin gibi kasılsaydım da kasılmasaydım da sonuç değişmeyecekti.'

Bilinçaltımla gerçekleştirdiğim bu konuşma beni ve bilinçaltımı rahatlattı.

Ayağa kalktım.

Kalbimden derin bir nefes aldım.

Kollarımı iki yana genişçe açarak bir kez daha kalbimden nefes aldım.

Yürüdüm... tebessüm ederek yürüdüm...

Sanki insanlara selam vermek istercesine onların gözlerine bakarak yürüdüm...

Havaalanından kendimi iyi hissederek ve bir işi eksik de olsa başarabilmenin keyfini yaşayarak ayrıldım...

Hava güzeldi...

Gökyüzü güzeldi...

İnsanlar yaşamaya devam ediyor...

Arabalar gelip gidiyor...

Taksiler yolcu almak için birbirleriyle yarışıyordu.[54]

Bir kafeterya buldum.

---

54) Dışarı ile kurduğum bu temas, dördüncü seansta etaplar arasında verilen aralarda yaptığımız davranışların benzeri idi.

Çay içip simit yemenin keyfini çıkardım.

Vaktin geçmesini bekledim kafeteryada.

Birkaç saat sonra dönüş yolculuğum vardı.

Bu yolculuk beni öncekiler gibi kaygılandırmıyordu.

Elimi kalbimin sol yan tarafına koydum, hislerimi hissetmeye çalıştım.

Sakindi içim... Gündelik yaşama kaptırmıştı kendini.

Buna çok sevindim.

Dönüş uçağının saati geldiğinde tekrar check-in noktasından geçtim.

Aynı uçakta yolculuk yapacağımız insanları seyrederken bir yandan da kalbimde neler oluyor, onu gözlemliyordum.

Geliş yolculuğumdaki gibi güçlü ve sarsıcı duygular değildi içimdekiler.

Belki yüksek düzeyde bir kaygıydı... Ancak çaresizlik ve korku hissetmiyordum.

Uçağa geçtiğimizde gelirken hissetmediğim uçağın havalandırma sesini işittiğimi fark ettim.

Yolcuları görebildim.

Bunlar benim için önemliydi.

Duygularım çevremle temasa geçmeme izin veriyordu.

> *Onarım sürecinde kişi sıklıkla iç sesleri duyabilir. Organizma onarım sırasında karşılaştığı güçlüğü aşmak yerine kolay olanı tercih eder. Ve kişiyi vazgeçirmeye çalışır...*

Demek ki tamamen kilitlenmiş değildim.

Koltuğa oturdum.

Gözlerim açık halde içimi dinliyor, bir yandan da çevremi gözlemliyordum.

Herkes kendine ait bir telaşı yaşıyordu.

Dakikalar ilerleyip uçak pistte hareket etmeye başladığında içimde bir ses işittim:

'Bırak artık bu saçmalığı...'[55]

Elimi kalbime koydum, gözlerimi kapattım ve duygularımla konuşmaya başladım.

'Bu saçmalık değil...'

---

55) Onarım sürecinde kişi sıklıkla iç sesleri duyabilir. Organizma onarım sırasında karşılaştığı güçlüğü aşmak yerine kolay olanı tercih eder. Ve kişiyi vazgeçirmeye çalışır. Bunu gerçekleştirirken önceki bölümlerde anlattığımız gibi 'aklı' çok gerçekçi bir biçimde kullanır. Bende oluşan iç sesler şunlardı: Bu yaptığın çok saçma... Neyi ispat etmeye çalışıyorsun? Bu bir fobi değil, kişiliğin... Sen bunları yaparken uçak düşerse görürsün gününü... Döndükten sonra bir daha deneyemeyeceğimi biliyorum...'

'Ne yapmaya çalışıyorsun?'

'Uçağa binememek beni çok engelliyor...'

'Karayolunu kullanabilirsin.'

'Karayolu çok yorucu...'

'Rahatlığı mı ölüm riskini mi tercih ediyorsun?'

'Her gün havada binlerce uçak yolculuğu oluyor... Büyük bir risk yok...'

'Ama her sene bir veya birkaç tane uçağın düştüğüyle ilgili haber de duyuyorsun.'

'O bu uçak olamaz...'

'Ya o bu uçaksa?'

'Çok düşük bir ihtimal...'

'Ama bir ihtimal.'

...(cevap veremedim)...

İç seslerim adım adım beni ikna etmeyi başarıyordu. Eğer kendimi bırakacak olursam, kanıma zehir gibi bir his yayılacağını biliyordum. Bilinçaltım beni adım adım ikna etmeyi başarıyor olsa da ona şöyle seslendim:

'Hiç boşa uğraşma, sana teslim olmayacağım!'

Bu kararlılık bilinçaltımın direncini kırdı. Hafif bir rahatlama hissettim.

Gözlerimi tekrar kapatıp elimi kalbimin sol yan tarafına koydum.

Hislerimi hissetmek üzere kalbime odaklandım.

Sanki gözlerimle görüyor gibi seyrediyordum kalbimde olanları.

Şaşkındı...

Biraz iğne batıyor gibi bir his veriyor... acıtıyor...

Sonra biri kalbimi biri sıkıyor gibi daraltıyor... derin nefes almaya zorluyordu...

İçimde çok tuhaf şeyler oluyor ancak ben bütün bu olanları sadece seyrediyordum...

'Allah Allah, bu nedir yahu?' diyerek...

Sanki ilk defa bu kadar yakından gözlemleyerek...

Organizmam bir çıkış yolu bulamadığı, bedenime tutunamadığı için yılan gibi kıvrım kıvrım kıvranıyor, içimi daraltıyordu... Daralma bittiğinde akrep gibi sokuyor, kalbimi acı içinde kıvrandırıyordu... Kalbimin hemen üstünde, kollarımla göğsüm arasındaki kaslarda fiziksel bir yanma hissediyordum... Ama yine de bunun bedenime yayılmasına izin vermiyordum... Seyrediyordum...

Dakikalar ilerliyor ama ataklar bitmiyordu. Bir ara rahat bırakır gibi oluyor, sonra yeniden aktifleşiyordu.

Organizmanın davranışlarını yakından bildiğim için bu atakları hayretle seyrettim...

Sonunda pilot bir süre sonra inişe geçeceğimiz anonsunu yaptı ve içimde büyük bir rahatlama hissettim. Sanki az önce kalbimi sıkan, acı içinde kıvrandıran bütün hisler kaybolup gitmişti... Hafiflemiştim... Sabahki yolculuğumda iniş anonsu beni rahatlatmaya yetmemişti... Uçak inerken rahatlama başlamıştı... Dönüş yolunda sanki biraz becerebilmiştim...

İçimdeki gerilimin azalmasıyla gözlerimi açtım.

Yolcuları seyretmeye başladım.

Kimi tuvaletten dönüyor... kimi çocuğunun kemerini bağlamakla meşgul... kimi yola çıktığı andan itibaren olan bitenden habersiz, uyumaya devam ediyordu... Uçağın havalandırma sesini yeniden duymaya başladım... Sanki dünyaya yeniden gelmiş gibi, 'merhaba' dedim kendime ve tebessüm ettim...

Uçak indiğinde kendimi savaştan çıkmış gibi yorgun ve bitkin hissettim.

Yorgunluğumun sebebi her ne kadar fiziksel olsa da, duygularımla giriştiğim bu amansız mücadele beni daha çok yormuştu.

Haftaya bir yolculuk daha vardı.

Bunu düşünmek beni önceki kadar gergin hissettirmedi... Daha önceden uçak aklıma geldiği an kalbim sıkışırdı... Şimdi sadece yeni bir yolculuğun zorluğu ve yorgunluğu geldi aklıma...

Sonraki Hafta

Aradan bir hafta geçti.

Tekrar yola çıkmak üzere havaalanının yolunu tuttum.

İçimde bir gerilim hissetmiyordum. Radyo açıktı, haberleri dinleyebiliyordum. Haber sonrası müzik programı başladı; eşlik edebildim. Önceden yola çıktığım andan itibaren dünyayla irtibatım kesilir, dakikaların ölüm anıma gider gibi ilerlediğini hissederdim.

Havaalanına ulaşıp bekleme salonuna geçince iç seslerimi işitmeye başladım yine:

'Çok saçma bir uğraş içindesin...'

'Vaktini de paranı da boşa harcıyorsun...'

Bu sefer iç seslerime cevap vermedim.

Etkisinde kalmadan, sadece seyrettim.

Olgun bir yaşlının yalancı bir adamı seyrettiği gibi seyrettim.

Beni bu yolculuktan vazgeçirebilmek için nasıl da çırpındığını gözlemledim.

Duyguların aklı kullanmak gibi bir yeteneğinin olduğunu bilerek, şaşkınca seyrettim.

Vakit gelip uçağa bindiğimde, yoğun kaygılı bir ruh hali yoktu üzerimde.

Hatta her şeyin yolunda olduğunu kendime ispat etmek için olsa gerek, koltuğuma otururken yanımdaki kişiye selam verdim. (Sanırım neden selam verdiğim anlaşılmadığı için selamım alınmadı, ama olsun, duygularımın beni çevremle iletişim kurabilecek kadar rahat bıraktığını hissetmek iyi gelmişti...)

Kitap almıştım yanıma.

Kitabımı açtım, okumaya çalıştım, ancak odaklanamadım.

Duygularım henüz kendini yeterince rahat hissetmiyordu.

Gözlerimi kapadım.

Elimi kalbimin sol yan tarafına koydum.

İçimi seyretmeye koyuldum.

Kalbim ürkek ürkek çarpıyordu... Sanki bir şey olacaktı ama ne olacağını bilmeyen kaygılı bir haldeydi...

Dış dünyadan tamamen koptum ve kalbimin üzerindeki hisleri takip ettim.

Eskisi kadar sıkmıyordu ama korkuyordu.

Bir yanma, bir batma hissetmiyordum ama tedirgindi.

Yıllarca beni yönetmiş olan organizmam sanki ilk defa benim yönetimime girmeye yöneliyordu. Kendini bana teslim etmekle etmemek arasında tereddüt yaşıyordu.

Güvenemiyordu bana henüz tam olarak.

Ona seslendim:

'Hadi, bırak bana kendini...'

'Bırakamıyorum...'

'Neden bırakamıyorsun?'

'Tanımıyorum bu duyguyu, korkuyorum...'

Duygularımı tam bırakamamam, içimde tuhaf bir hüzün oluşturdu.

Çünkü kendini bırakamamak, çocukla anne arasındaki güvenli bağlanmanın sağlıklı bir biçimde gerçekleşmemiş olmasının sonucuydu.

Halbuki ben, annem ile güvenli bağlandığımı zannediyordum.

Bu beni incitti... üzdü... burnum sızladı... gözlerim yaşardı...

Birden içime anlam veremediğim bir **hüzün** yayılmaya başladı.

Bu hüzün, duygularımın üzerindeki hakimiyetimi kaybettiriyordu.

Daralmaya başladım...

Oturduğum yerden kalkmak istedim...

Ayağa kalktım ama rahatlayamadım...

Bir ara aklıma, acaba uçağı terk etsem mi düşüncesi gelince zihnim yeniden aydınlandı.

Organizmamın bir oyunu ile karşı karşıya idim.

Duygularım bedenimin üzerinde hakimiyet kurabilmek için bu sefer baskı ve acı hissi ile değil, **hüzün** ile gelmişti.

Bu hüzün öyle sinsice ve o kadar gerçekçi bir görünümde beni etkiliyordu ki duygularımı onarmak üzere ciddi bir girişimde olduğumu unutmuştum.

Duygularımın üzerindeki hakimiyetim beklemediğim bir hisle kayboluyordu.

Uçağa biniş sebebimi, fobimden kurtulmak için ciddi bir çaba içinde olduğumu unutmuş, farkında olmadan içimdeki hüznün bedenime yayılmasına izin vermiştim.

Halbuki onarımın en temel prensibi kişinin 'hangi duygu olursa olsun, kendini o duyguya bırakmaması' idi.

Hüzün sinsice gelmişti, çünkü ben kaygı duygusuna odaklanmıştım.

Evimin giriş kapısını kapatmıştım yani... Ancak şu anda pencereden içeri sızan ve beni teslim alacak başka bir duyguyla karşılaşıyordum.

Evet, görünümü dostçaydı... Ancak sonuç hiç de dostça olmayacaktı...

Organizma, duygularımın üzerindeki hakimiyetimi kaybettirdiği sırada beni koltuğa tekrar sıkı sıkıya yapıştırıp gerçek işlevini sürdürme peşindeydi. Çünkü onun üzerindeki hakim duygular kaygı idi. Kaygı duygusunun hakim olabilmesi için önce benim irademin kırılması gerekliydi... ve zihnime gelen bir hatıra ile iradem kırılıyordu.

Duyguların aklı kullanmak gibi bir yeteneğinin olduğunu çok iyi bildiğim halde, bunu bu gerçeklikte ilk defa yaşıyordum. Hayır, izin vermemeliydim.

İçimdeki hüzne izin vermedim. Bu defa hüzün duygusunun kalbimde yayılışını seyretmeye başladım.

İncecik, tatlı bir sızı gibi kalbimin üzerinde yol alıyordu. Ne ağrısı vardı ne sızısı... Ancak enerji düzeyimi aşağıya çekiyordu.

Bu arada küçük bir hatırlatma yapmakta fayda var. Duygularında derinleşip hislerini takip ederek yönetmeye çalışan kişi, o anda, şu davranışlardan uzak durmalıdır:

1- Ağızdan 'ooofff'layarak nefes almak veya vermek doğru değildir.

2- Duyguların verdiği acıya kendini bırakmak, üzülmek, hüzünlenmek, öfkelenmek, kinlenmek doğru değildir.

3- Hissedilen duyguların sebebine yönelmek doğru değildir.

4- 'Aman neyse, boşver...' diyerek yaşanan duyguyu yok saymak doğru değildir.

5- O an hangi duygu yaşanırsa yaşansın, o duyguya ait hislerin bedene yayılmasına izin vermek doğru değildir.

6- Yaşanılan duygunun başka bir duyguya dönüşmesine izin vermek doğru değildir.

Ben 6. maddede yazan hatayı yapıyordum o sırada... İçimde hafif düzeyde bir kaygı hissi oluşmuş, ancak bu his bedenime hakim olamayınca organizma pes etmemiş, başka bir hissi devreye sokarak üzerimde hakimiyet kurmayı denemişti. Kaygı ile yapamadığını hüzün ile yapmaya çalışıyordu. Çünkü ben, uçak fobisini yenmeye odaklı olduğum için, kaygıya karşı dirençliydim, hüzne karşı değil...

Onarım sürecinin en önemli kısmı olan 4. seansın temel prensibi, iç dünyada oluşan duyguları takip ederken hiç ama hiçbir duygunun bedene yayılmasına izin vermemektir.

Hangi his olursa olsun, ister keyif veren isterse de hoşnutsuzluk oluşturan, hiçbir hissin bedene yayılmasına izin verilmemelidir. Hangi his olursa olsun o an o hissin oluşturduğu duyguyu fizyolojik olarak takip etmek ve o hissin iç dünyamızdaki eylemlerini sakince seyretmek gereklidir.

Ben 6. maddede yazılı olan prensibe farkına varmadan yenik düşüyordum... Son anda uyandım.

Yaşamaya izin verdiğim hüzün hissi, böylece 2. maddede, 3. maddede ve 5. maddede yazan diğer prensiplerin de yıkılmasına yol açıyordu. Duygularımı yönetmek için çıktığım bu yolculukta, duygularım

Onarımın en temel prensibi kişinin 'hangi duygu olursa olsun, kendini o duyguya bırakmaması'dır...

bilinçaltımın derinliklerinden gelen 'dostça' hislerle yine beni yönetmeye girişiyordu.

Bunu fark etmek benim açımdan oldukça ürpertici idi.

Bilinçaltımla ilk defa bu kadar yakından yüzleşiyordum.

Koltuğa sakince tekrar oturdum.

Kalbimin panik atak geçirir gibi çırpınmasına odaklandım.

O çırpınışı soğukkanlıca seyretmeye koyuldum.

Kaçmadım...

Paniklemedim...

Sadece seyrettim...

Kalbimin yanmasına izin verdim... ve o yanma hissi ile dost olurcasına sakince bekledim... korkmadan...

Organizmam beni bu ağrı hissiyle panik halinde ayağa kalkmaya, bu ortamdan kurtulmaya ve uçağın dışına çıkmaya zorluyordu.

Enteresan bir durumdu... Ben, benim dışımda gerçekleşen bir duygusal yoğunlaşma ile eyleme zorlanıyordum.

İşte bilinçaltı, o gün bana çok gerçekçi bir şekilde göründü.

Biriktirdiği hisler ve kendi tecrübesiyle beni kaygı duyduğu bir davranıştan kurtarmak için inanılmaz zorlamalar yapıyordu.

Organizmamın benden beklediği hiçbir davranışı yapmamayı başarabilmek, kendimi duygularıma karşı oldukça güçlü hissetmemi sağladı. Keyif alıyordum bu güçten...

Ancak organizmamın beni zorladığı hiçbir davranışa yönelmiyor olmamın tuhaf iç çatışmasını da yaşıyordum.

Organizmam şaşkındı...

Şimdiye kadar beni istediği gibi yönlendirebilmesine rağmen, bu defa acı ve baskı hislerini artıra artıra yükselttiği halde benden beklediği davranış bir türlü gerçekleşmiyordu.

Sanki karanlıkta bir ormanda birbirini tanımaya çalışan iki göz gibiydik...

O da ben de şaşkın ve birbirimizin ne yapacağına odaklanmış bir halde bekliyorduk.

Daha ikinci terapi yolculuğumda bilinçaltımla bu gerçeklik içerisinde göz göze gelmiş olmam tuhaf bir duyguydu.

Ben içimde tüm bunları yaşarken dışımda yaşam devam ediyordu.

Uçak hareket etmişti bile... Motorlarını kuvvetli sesler çıkararak çalıştırmış ancak ben tüm bunlardan kopmuştum... İçimle meşguldüm...

Uçağın pistte kuvvetlice hareket etmesiyle dış dünyaya yeniden yöneldim...

Bu sefer uçağın süratle yol alışı beni önceki seferler kadar germedi, kasılmama yol açmadı.

Kalbimin pır pır atmasına rağmen uçağın kalkışını camdan keyifle seyredebildim.

Bir süre sonra hostesten su bile isteyebildim.

Bunlar benim için inanılmaz şeylerdi.

Sanki ipin üstünde yürüyen ve her an dengesi bozulacak bir cambaz gibiydim.

Bir yandan yönetebildiğim duygular ve onun acemiliği, diğer yandan köken hislerimin bedenime hakim olmak isteyen karanlık yüzü.

Bu gelgitler arasında uçaktaki hareketliliği hassasça seyrediyordum.

İlk defa ikram edilen yiyecekleri alabildim. (Ancak yiyemedim. Kaygı düzeyim azalsa da yemek yiyebilecek duygusal dengede değildim.)

Fakat bu hal uzun sürmedi. Yaklaşık 30 dakika sonra **sıkıldım**.

'Ne zaman inecek uçak' diye sürekli saate bakmaya başladım. Dakikaların bu kadar yavaş ilerlemesi dayanılacak gibi değildi.

Kendimi kapana sıkışmış gibi hissettim.

Elimi tekrar kalbimin sol yan tarafında koyup içimi seyretmeye koyuldum.

Sanki içimde boğulmak üzere bir ben vardı. Suyun içinde boğulacak gibi hissediyordum.

Bu çırpınışın yavaş yavaş kalbimi sıkmaya başladığını gözlemledim.

Dayanılacak gibi değildi.

Anladığım kadarı ile duygularım henüz fobimi yenebilecek derecede güçlenememişti... İyi olma halini sürdüremiyordu...

İçime yeniden odaklandım.

'Yeter artık, bırak beni...' dercesine organizmamın bir çırpınış içine girdiğini gördüm.

Bu çırpınışa teslim olmamam gerektiğini çok iyi biliyordum.

Ne kadar bastırırsa bastırsın bir an bile kendimi ona teslim etmemeliydim... ve o çırpınışı da seyretmeye koyuldum.

İçimdeki bu çırpınışa rağmen öğrendiğim tekniklerle yine kaslarımı bırakmaya, duygularımın bedenimin üzerinde yayılmasına engel olmaya çalıştım.

Bu, sanırım kendi onarımımın en zor anıydı...

Birkaç dakika süren bu eşiği aşabilirsem büyük bir rahatlama içine gireceğimi ve duygularımı yönetebilecek düzeyde bir güce erişebileceğimi fark ettim.

Daha da ötesi, bu birkaç dakikalık çırpınış karşısında sakin kalabilir, soğukkanlı bir şekilde duygularımı seyretmeye devam edebilirsem duygularım beni patron olarak kabul edecekti.

Ve öyle de oldu... Kalbimin tüm çırpınışlarına rağmen kendimi onun kaygılarına bırakmadım.

Gözlerim kapalı, büyük bir serinkanlılık içinde, organizmamın acı veren eylemlerini seyretmeye devam ettim.

Çırpınışlar adım adım yavaşlamaya, etkisini kaybetmeye başladı.

Bu çok keyifli bir andı.

Duygularım artık beni kendisini yönetebilecek derecede güçlü hissediyor ve bana daralmalarla bir eylem yaptıramadığını fark ediyordu sanki.

Birkaç dakika sonra kaptanın iniş anonsu duyuldu.

Bu anonsla birlikte içimdeki gerilim yerini tebessüm ettirici bir rahatlamaya bıraktı.

Bütün o gerilimler sanki yaşanmamış gibi içimde keyifli bir hal yayılmaya başladı.

O an 'Onarımın Temel İlkesini' bir kez daha hatırlayarak kendime güç verdim.

'Hiçbir duygu gerçeklik barındırmaz, tüm hissettiklerimiz sadece bir yanılsamadan ibarettir...'

Az önce neredeyse çatlayacak gibi hisler taşıdığım halde şimdi bu hislerden eser kalmamış, tüm duygular adım adım dağılmıştı.

O halde, ağır duygular yaşadığım anlarda, bu prensibi iyi hatırlamalıydım.

Ne kadar ağır yaşarsam yaşayayım, hiçbir duygu gerçeklik barındırmıyordu. Bir süre sonra sanki hiç yaşanmamış gibi dağılıyordu.

Kendimi kötü hissettiğim zamanlarda ya kendimi o ağır duyguların verdiği bunalıma bırakacak ve bilinçaltıma esir olacağım... Öfke, gerginlik, hırçınlık ve zarar verici davranışlara yöneleceğim... Ve sonradan pişman olacağım...

Ya da o ağır duyguların dağılacağını bilerek üzerimde hakim olmaması için, onarım sürecinde öğrendiğim egzersizlerle kendimi o hislerin tesirinden kurtarmak üzere içimi seyredeceğim...

Seçim bana aitti.

Ve ben bundan sonra bilinçaltımın eylemlerine yenik düşmemeyi... duyguları yönetmeyi bir yaşam tarzı haline getirmeye karar verdim.

Uçak emniyetle indi.

Kendimi muzaffer bir komutan gibi hissettim.

Uçağın dışına, bekleme salonuna, sakin ve emin adımlarla tebessüm ederek yürüdüm.

Dönüş yolculuğunu beklemeye koyuldum.

Artık Daha Güçlüyüm

Dönüş saati geldiğinde kendimi güçlü hissediyordum.

Uçağa bindim.

Bu sefer daha çok kendimdim.

Sakindim.

Dingindim.

Durgundum.

Bir telaş hali yoktu içimde.

Sanki enerji seviyem düşmüştü.[56]

Koltuğa oturdum... Artık çırpınmıyordu içim.

Sanki ne olacaksa olsun razı gibiydim.

Tuhaf bir dinginlik hali idi bu.

Anonslar yapıldı, seyrettim.

Hostes acil durum sunumunu yaptı, seyrettim.

Uçak piste doğru hareket etti, camdan dışarıyı seyrettim.

---

56) Onarım sürecinin sağlıklı gidişinin en belirgin göstergesi, enerji kaybıdır. Onarılmaya ihtiyacı olan birey dinçliğini genellikle kaygı, hırs, öfke, güvensizlik duygularıyla besler. Kaygılı bir kişi dikkatlidir, enerjiktir, dinçtir. Öfkeli bir kişi gergindir, enerjiktir, dinçtir. Hırslı bir kişi dikkatlidir, enerjiktir, dinçtir. Güvensiz bir kişi, hassastır, enerjiktir, dinçtir. Onarımla birlikte bireyin kaygı seviyesi düştükçe kendini beslediği negatif enerji de düşmeye başlar. Bir başka deyişle, kaygıları azalan kişinin, kaygıyla birlikte oluşturduğu enerji düzeyi de azalır. Öfkesi azalan kişinin öfkesiyle birlikte oluşan enerji düzeyi de azalmaya başlar. Bu durumun bireydeki görünürlüğü halsizlik, enerjisizlik, yorgunluk gibidir. Organizmanın beslendiği negatif duygular azaldığında, yani birey normallik seviyesine eriştiğinde kendini halsiz ve bitkin hisseder. Bu, geçici bir evredir. Birey duygularında normallik seviyesine eriştikçe artık negatif duygulardan elde ettiği dinçliği değil 'kendilik enerjisini' kullanmaya başlar. Bu daha sade, daha dingin, daha yumuşak ve fakat daha güçlü bir enerjidir.

Bir süre sonra hızlı bir ilerleyiş ve yükselişle gökyüzüne çıkmaya başladık... Tuhaf bir kaygı ve fakat kendini bırakmışlığın rahatlığıyla seyrettim.

Yolculuk boyunca kalbime yönelmeye, duygularımı takip etmeye fazla zaman ayırmadım. Gerek duymadım.

Bütün bir yolculuk boyunca kendimde idim.

Hostesin ikramını bu sefer aldım... sakin ve dingince yedim... içim reddetmedi...

Çok çabuk geçti yolculuk.

Uçağın kendine has bir hareketliliği varmış. Hostesler yolcularla ilgilenirken bir telaş hali yaşanıyormuş... kimi su istiyor... kimi çağrı butonuna basıyor... kimi tuvalete gitmek için kalkıyor, kimi daracık koridorda sıkışıyor, geri dönerek gelene yol veriyor... Tatlı bir tebessümle insanları seyrettim...

Pilotun inişe geçiyoruz anonsuna bu sefer üzüldüm. Biraz daha sürseydi yolculuk dedim.

Yere inerken hiç telaşlanmadım, kendimi hamur gibi bırakmıştım. Kuş gibi özgür hissediyordum.

Bu bana keyif verdi.

Artık duygularımla barışıyordum sanki.

Bana güvenmeye başlamıştı duygularım.

Artık köken hislerimin yönlendirmesi ile değil, öğrendiği yeni davranışlarla yola devam etmek istiyor gibiydi.

Bu çok güzel bir histi.

Kendimi iyi hissettiriyordu.

Bu hissi kaybetmek istemiyordum.

Ve öyle de oldu.

Bir sonraki yolculuğu kaygı ve gerilim içinde beklemedim. Zaman su gibi akıp geçti. Yolculuk günü geldiğinde neredeyse hiç kaygım kalmamıştı.

Önceden olsaydı uçağın tipini, modelini, yolcu sayısını saatlerce kontrol eder, farkında olmadan kaygı düzeyimi artırırdım.

Ancak bu sefer öyle olmadı.

Kendimi birden havaalanında uçağa binerken buldum.

Elimde cep telefonum, sosyal medyada yazılıp çizilenleri okuyordum.

Uçağa ve yolculuğa odaklanmamıştım.

Koltuğuma oturduğumda bacak bacak üstüne atabiliyordum.

Bütün bir yolculuk ve dönüş neredeyse bu şekilde geçti.

Sonraki yolculuklarım da benzer duygular içerisinde sonuçlandı.

Artık başarmıştım.

Ve bu başarı öylesine doğal bir şekilde sonuçlan-
mıştı ki sanki hiçbir zaman uçak fobim olmamış gibi
hissediyordum.

Geçmişe dönüp baktığımda duygularımı anlamak-
ta gerçekten zorluk çektim.

Şimdi en sevdiğim şeylerden biri uçakla yolculuk
yapmak.

Kendimi uçağın içinde özgür, rahat ve konforlu
hissediyorum.

ÖZET

Onarım sürecimizin en önemli kısmının dördüncü seans olduğunu söylemiştik.

Doğru anlaşılmasını pekiştirmek için buraya kadarki seansları ve içeriklerini kısaca özetleyelim:

1. Birinci Seans

Onarım sürecimize yalıtımla başladık. Bu sayede duygularımızı dış etkenlerden uzaklaştırdık. İçimize doğru derinleşebileceğimiz bir zemin hazırladık. Oyalanma davranışlarından uzaklaşıp kendimizle baş başa kaldığımızda içimizde hissedeceğimiz hoşnutsuzluk duygularına kapı araladık. Böylece onarılacak yanlarımızı daha belirgin hale getirdik.

Şimdiye kadar kendimizden uzaklaşıp oyalanma davranışlarına yöneldiğimizden dolayı duygularımızın zarara uğramış yanlarını hissedemiyorduk. Yalıtım, hem içe derinleşmemizi kolaylaştıran hem de onarılacak yanlarımızı belirgin hale getiren bir araç oldu. Yalıtım, onarımın beşinci seansının sonuna kadar titizlikle uyulması gereken en önemli noktalardan biridir.

2. İkinci Seans

Hissi hissetme egzersizi ile, içimize derinleşmenin ilk adımını attık.[57] Gözlerimizi kapayıp sağ elimizi kalbimizin sol yan tarafına koyarak hissi hissetmeye çalıştık. Kalbimizin kıpırtısına odaklanırken, düşüncelerimizi tek noktaya yöneltmeyi öğrendik. Çocukluk yıllarımıza odaklandık. Oluşan 'hüzün' duygusuna izin verdik. Yaşadığımız duygulanımlarla duyarlılığımızı yeniden hissettik. Bir çocuk gibi saf ve temiz hislerimize yeniden temas ettik. Burnumuzdan hafifçe nefes alarak, hisse tutunmayı öğrendik. Hissi yönlendirme egzersizi ile 'kalpten nefes almayı' öğrendik. Burnumuzla, kalbimizden 'hafif, kısa, kesik' nefesler alarak içimizde oluşan 'hüzün' hissini, iyi hissetmeye dönüştürmeyi öğrendik. Nefes alma tekniğinin birincisi ile bir hissi başka bir hisse dönüştürebileceğimizin tecrübesini edindik. Kısa nefesler ile ileriki seanslarda kullanmak üzere 'hisse tutunabilme'nin ilk adımını attık. İkinci seansta başladığımız 'hissi hissetme' ve 'hissi yönlendirme' egzersizleri, onarım sürecinin sonuna kadar devam etmelidir.

---

57) İkinci seansta burunla kalpten alınan nefes ile dördüncü seansta hisse tutunmak üzere burundan alınan nefes birbirinden farklıdır. İkinci seansta alınan nefesin özelliği, hafif, derin, uzun ve keyifli olmasıdır. Bu nefes ağızdan ve uzunca verilmekte; böylece duygular nefesle regüle edilmektedir. Dördüncü seansta ise burunla kalpten alınan nefes kısa ve kesiktir. Sanki bir farenin peyniri kısa kesik nefeslerle koklayıp tanımaya çalışması gibidir. Kısa nefeslerle kalpteki, ağrı ve acı hissine temas edilmektedir. Dördüncü seansta nefeslerin verilişi yine ağızdan, ancak uzun değil, kısa ve anlıktır. Duyguların onarılmasında nefesin alınma şekli, uzunluğu, kısalığı, burundan veya ağızdan oluşu, oldukça önemlidir.

3. Üçüncü Seans

Biyolojik ritmimizi metronomla düzenlemeye başladık. Bu sayede içsel bir yavaşlamaya girdik. Yavaşlamak, kendimizi duymayı, karşımızdaki kişiyi hissedebilmeyi, evrene daha farkındalık gözü ile bakabilmemizi kolaylaştırdı. Kendimizi daha iyi duyabilir hale geldik. İlk üç seansın kazanımları onarım sürecimizin en önemli kısmı olan dördüncü seansta, 'duyguları yönetmemiz' için zemin hazırladı.

4. Dördüncü Seans

Bu seansta köken hislerimizi, olumsuz düşünceler üreterek aktifleştirmeyi ve aktifleşen köken hislerimizi yönetmeyi öğrendik. Köken hislerin aktifleştiğinde içimizde nasıl bir hoşnutsuzluk duygusu oluşturduğunu, kalbimizi nasıl sıktığını, içimizi nasıl daralttığını ve bizi nasıl saldırganca bir duyguya yönelttiğini deneyimledik. Duygularımızda oluşan bu daralmaları sessizce seyrettik. Ancak duygularımızın bizi daraltarak yönlendirmesine izin vermedik. Bir başka deyişle, bilinçaltımızın bizden beklediği davranışlara yönelmedik. Hoşnutsuzluk hislerinden kaçmadık, direndik. Hassaslaşmış duygularımızı sistematik duyarsızlaşma ile güçlendirmeye çalıştık.

SEANSLAR

- 5. HAFTA -

kaygıya rağmen bırakma

ÖN BİLGİLER

Bir önceki seansta aktifleşen köken hislerimizle nasıl mücadele edileceğini deneyimledik.

Daha önce de belirttiğimiz gibi, köken hisler aktifleştiğinde sadece kalbe acı vererek ve daraltarak bireyi bir davranışa zorlamaz... Aynı zamanda bedeninde de kasılmalar oluşturur.

Bundandır ki öfkeli bir kişinin aynı zamanda yüz kasları da gergindir, omuzları köşelidir, vücudu kasılmıştır. Aslında böyle bir anda organizma, kişi üzerinde hakimiyet kurmuş, bedeninde oluşturduğu kasılmalar ile onu savunma pozisyonuna geçirmiştir. Tıpkı benim uçak fobimde bedenimin büyük bir kasılmayla koltuğa yapışması gibi...

Geçmiş yaşam öyküsünde sürekli olumsuzluklar biriktiren kişinin köken hisleri sürekli aktiftir... Böylesi kişilerin kasları sürekli kasılmış haldedir.

Organizma, her an gelebilecek dış tehdide o kadar alışmıştır ki bir an olsun kendini bırakmayı emniyetsizlik olarak görür.

Bu kişiler evlendiklerinde kendilerini eşlerine bırakamazlar... Çocuk sahibi olduklarında çocuklarıyla ruhsal bütünlük kuramazlar...

Bunu denediklerinde organizma bireye, kendisinin zarara uğrayacağını hissettirerek direnç gösterir.

Böylesi kişiler örneğin uykularında bile sürekli gerginlik içindedirler. Sabahları çene kasları gerilmiş, bedenleri dinlenmemiş olarak kalkarlar.

Organizmanın kişi üzerinde oluşturduğu bu ikincil etki, yani beden üzerinde hakimiyet kurma etkisi sonlanmadıkça birey her ne kadar kalpte hissettiği acıya dayanıklılık gösterse de kendinde bir genişlik hissine erişemez.

İşte bu seansta organizmanın bireyin bedeni üzerindeki hakimiyetini sonlandırmak üzere bir çalışma yapılacaktır. Beden bilinçaltının tesirinden kurtarılıp, kişinin yıllar sonra kendi bedenini üzerinde kendi hakimiyetini yeniden oluşturması için çalışılacaktır.

Egzersizimize başlamadan önce, onarımın temel prensibini bir kez daha hatırlayalım:

Organizmamızın, düşüncede oluşan duygular ile gerçek yaşamda oluşan duyguları birbirinden ayırt etme yeteneği yoktur. Bu bilgi bizim için altın değerindedir.

Eğer organizmamızı düşüncelerle uyarmış yani aktifleştirmiş ve gerçek yaşamdan arındırdığımız organizmamızı yönetmeyi başarmışsak, aynı durumu gerçek yaşamda da uygulama becerisi elde edebiliriz demektir.

Beşinci seansın egzersizleri bu bilgi üzerine kuruludur.

Organizmamızda kaygı oluşturup, oluşan kaygının bedenimiz üzerindeki hakimiyetini gözlemleyerek, bu hakimiyeti sonlandırmaya çalışacağız.[58]

Bedenimizdeki kasılmaları, kaygıya rağmen bırakmayı öğreneceğiz. Uçak fobisinde anlattığım üzere, organizmamız bedenimizi kasmaya yöneldiğinde, bedenimizi kasmayacağız, serbest bırakacağız. İçimizdeki tüm gerilimlere rağmen, bir ölü gibi bedenimizi bomboş bırakacağız. Köken hislerin aktifleşmesi ile oluşan duygulara bedenimizi teslim etmeyeceğiz.

Bırakarak rahatlayacak... bırakarak genişleyecek... bırakarak bedenimizi kendi kontrolümüze alacağız...

Beşinci seansta yapacağımız egzersizler 3 derinlik boyutunda ve 4 ayrı mekânda yapılacaktır. Egzersizin derinlik boyutları sonraki bölümde uygulamalarda anlatılacaktır. Uygulamalar her defasında kaygı düzeyi biraz daha artırılmış 4 ayrı mekânda gerçekleşecektir.

Bu sayede kişi, basit düzeyden başlamak üzere artırılmış kaygı duygusunu yönetmeye doğru 4 ayrı mekânda egzersizini sürdürecektir.

---

58) Zarara uğramış her duygunun beraberinde kaygı hissi vardır. Öfkeli birinin de, duygusal olarak tükenmiş birinin de en derin köken hislerinde kaygı vardır. İşte bundan dolayı, bu egzersizde, duygusal olarak derinlerimizde yatan kaygı hissine erişerek bir onarım gerçekleştirmeye gayret edilecektir.

Bu egzersiz, diğerleri gibi yine seans odasında fakat yere sırt üstü uzanmış, kollar vücudun iki yanına artı şeklinde açılmış, bacaklar serbest bırakılmış olarak yapılacaktır.

Bedenimizi daha iyi bırakabilmemiz için egzersize başlamadan önce 30 saniye boyunca aşağıda tarif edildiği şekilde kol ve bacak kaslarımızı kasacağız.

Kaslarımızda ağrılar oluşuncaya kadar bekleyeceğiz.

Ve daha sonra yine aşağıda tarif edildiği gibi kollarımızı ve bacaklarımızı tamamen serbest bırakıp büyük bir rahatlama içine gireceğiz.

5. HAFTA
KAYGIYA RAĞMEN BIRAKMA:

UYGULAMA

Seans odasına geçin.

Yere sırt üstü uzanın.

KASMA

Kollarınızı dik bir şekilde yukarı kaldırın.

Avuç içiniz tavanı gösterecek şekilde elinizi geriye doğru bükün.

Geriye bükülmüş elinizin pozisyonunu bozmadan kolunuzu dirseklerden itibaren yere paralel olacak şekilde geriye bükün.

Bu pozisyonda ellerinizi mümkün olduğunca geriye doğru yatırarak kol kaslarınızda bir yanma, ağrı oluşuncaya dek kasın.

Aynı şekilde topuklarınızı yerden 4 parmak kadar yukarıya kaldırıp ayak parmaklarınızı sanki kaval kemiğinize değdirecek gibi geriye doğru germeye çalışın.

Şu anda el, kol, ayak ve kaval kemiğinizin kasları kasılmış halde zorlanıyor olmalısınız.

Bu egzersize içinizden 30'a kadar sayarak ve her sayışınızda kasılmanızı artırarak devam edin.

30 saniye kollarınızı ve ayaklarınızı kasılı tuttuktan sonra bırakın.

Topuklarınızı yere indirin.

Kollarınızı sağa ve sola olmak üzere artı şeklinde açın.

Avuç içlerinizin serbest bırakılmış olduğu halde yukarı doğru olduğundan emin olun.

Bacaklarınızın omuz genişliği kadar açık ve tamamen serbest bırakılmış olduğundan emin olun.

Kollarınızın kasılmasıyla oluşan gerginliğin serbest bırakılmaya dönüşmesi sırasında hissettiğiniz rahatlamayı 30 saniye kadar takip edin.

30 saniye sonra burnunuzdan derin bir nefes alın.

Ağzınızdan uzunca verin.

Ve rahatlayın.

Burnunuzdan sakince bir kez daha derin nefes alın.

Ağzınızdan vererek rahatlayın.

Kaygıya Rağmen Bırakma

BIRAKMA - BİRİNCİ DERİNLİK BOYUTU

Bir iç yolculuğuna çıkmak üzere gözlerinizi yavaşça kapatın...

Tüm bedeninizi bırakın...

Sanki yerden kesilmiş gibi...

Bir tüy kadar hafif...

Bembeyaz bir boşluğun içine bırakmış gibi...

Kendinizi bırakın...

Yüz kaslarınızı kontrol edin...

Ve bırakın...

Omuzlarınızı kontrol edin...

Ve bırakın...

Kollarınızı kontrol edin...

Ve bırakın...

Belinizi kontrol edin...

Ve bırakın...

Bacaklarınızı kontrol edin...

Ve bırakın...

Ayaklarınızı kontrol edin...

Ve bırakın...

Kaslarınızın içindeki hisleri bırakın...

Tüm duygularınızı özgürce bırakın...

Kendinizi bıraktığınız bu hali 3 dakika sürdürün...

3 dakikanın sonunda gözlerinizi, sadece gözlerinizi açın...

Sanki vücudunuz size ait değil gibi...

Sanki vücudunuza yabancılık çeker gibi...

Vücudunuzu bıraktığınız o halde kalın...

Kendinizi bırakın...

Yaklaşık 1 dakika boyunca sadece gözleriniz açık, bedeninizin tamamen bırakılmış olduğu hali sürdürün...

BIRAKMA - İKİNCİ DERİNLİK BOYUTU

1 dakika sonra gözlerinizi yeniden yavaşça kapatın...

Kendinizi tamamen bırakın...

Savunmasızca bırakın...

Bembeyaz bir boşluğun içine kendinizi öylece bırakın...

Sanki yerden kesilmiş gibi...

Bir tüy kadar hafif...

Özgürce...

Kaygısızca...

Tüm duygulardan arınmışça...

Kendinizi tamamen bırakın...

3 dakika boyunca bu derinlikteki bırakmışlığınızı sürdürün...

3 dakika sonunda gözlerinizi, sadece gözlerinizi yavaşça açın...

Bedeniniz öylece tüm bırakmışlığıyla kalakalsın...

Şaşkınca...

Öylece kalın...

1 dakika boyunca sadece gözleriniz açık, bedeninize yabancılık çekerek bekleyin...

BIRAKMA - ÜÇÜNCÜ DERİNLİK BOYUTU

1 dakikanın sonunda gözlerinizi yavaşça yeniden kapatın...

Kendinizi tamamen bırakın...

Özgürce...

Kaygısızca...

'Ne olacaksa olsun' diyerek bırakın...

Kaygıya rağmen, tüm bedeninizi bırakın...

Kaslarınızın içindeki hislere kadar bırakın...

Sanki yerden kesilmişçesine...

Bir tüy kadar hafif...

Bembeyaz bir boşluğun içine bırakırcasına...

Bırakın...

Kendinizi ilk defa tamamen bırakmanın verdiği tuhaf hissi duyarak...

Özgürce...

Bırakın...

3 dakika boyunca bedeninizi öylece bırakın...

3 dakikanın sonunda gözlerinizi hafifçe açın...

Sanki dünyaya yeni gelmişçesine...

Bütün bedeniniz rahatlamışçasına...

Kendinizi bırakmanın tuhaf genişliğini hissederek...

Keyifli bir hal içinde...

Burnunuzdan hafifçe, derin bir nefes alın...

Kendinizi iyi hissedin...

Tebessüm edin...

Burnunuzdan hafifçe, derin bir nefes daha alın...

Bir süre bekledikten sonra egzersizinizi tamamlamış olarak kalkın...

3 derinlik boyutunda uyguladığınız bu egzersizi, 4 ayrı yerde yapacaksınız. Aşağıda tarif edileceği üzere, her bir ortam bir öncekinden daha kaygı verici olduğu için, adım adım kaygı düzeyini yükselterek, kaygıya rağmen bırakmayı daha derinden gerçekleştirmeye çalışacaksınız.

1. ORTAM

Yukarıda tarif edilen egzersizi her gün 1 defa olmak üzere, ilk 3 gün boyunca, **seans odasında, sessiz bir ortamda** yapın.

2. ORTAM

Bu egzersizi, 4, 5 ve 6. günlerde, kaygı düzeyini biraz daha artırarak yapacağız. Bu defa evde, sessiz bir ortamda değil, **'evin içinde, sesli bir ortamda'** yapın.

Egzersizinizi yapacağınız ortamda evdeki konuşmaları duymalısınız. Günlük yaşam evde devam ederken, sesleri duyacağınız bir yerde egzersizinizi yapın.

Belki çocuklarınızın, belki eşinizin, belki anne babanızın sesini... Hatta size seslenen sesleri işittiğiniz halde, hiçbir şekilde kendinizi bırakmanızı durdurmadan devam edin.

Kaygı düzeyiniz artsa da kendinizi bırakmaya devam etmelisiniz.

3. ORTAM

Yukarıda tarif edilen egzersizi 7, 8 ve 9. günlerde **'dışarıda, açık havada'** yapın.

İnsanların etrafta gezindiği, günlük yaşamın kendi halinde aktığı, çocuk, araba, rüzgâr seslerinin duyulduğu bir ortamda, çimenlerin üzerine yatarak egzersizinizi tarif edildiği şekilde uygulayın.

Kaygıya Rağmen Bırakma

Kaygı düzeyiniz çevrenizdeki insanlardan dolayı bir miktar daha yükselmiş olsa da kaygıya rağmen bedeninizi bırakın.

İçinizdeki dirençleri ve iç seslerinizi takip edin.

Onların bedeniniz üzerinde hakim olmasına izin vermeyerek egzersizinizin üçüncü ortamını tamamlayın.

4. ORTAM[59]

Egzersizinizin 10. gününde lunaparka gidin.

Bu defa yere uzanarak değil kaygı duyacağınız **'bir araca binerek'** egzersizi uygulayın.

Lunaparkta bineceğiniz ve kaygıya rağmen kendinizi bırakacağınız araçlar şunlar olabilir:

1.   Hız treni (roller coaster)

Bineceğiniz hız treni yetişkinlere ait olmalıdır.

Birbiri ardı sıra dizilmiş hız trenine bindiğinizde gözleriniz açık olarak yukarı doğru çıkarken kendinizi bırakın.

Önceki egzersizlerde olduğu gibi, bu defa oturduğunuz koltukta kendinizi bırakın.

Hız treni en yukarı noktaya eriştiğinde gözleriniz açık olarak ve kollarınızı yukarı kaldırmış halde trenle birlikte kendinizi aşağı bırakın.

---

59) **Bu egzersizi kalp, damar hastalıkları bulunanlar ile hamileler yapmamalıdır.**

Organizmanız bir kasılma ve kendinizi emniyette hissetmek için koltuklara tutunma hissi oluştursa da bu zorlamaya boyun eğmeyin.

Kendinizi tamamen bırakın.

Birinci denemenizde kendinizi tam olarak bir bırakamadığınızı düşünürseniz bir süre ara verdikten sonra (yaklaşık yarım saat), ikinci defa yeniden deneyin.

İkinci seferde de tam bir bırakmışlık sergileyemediyseniz bir süre (yaklaşık 30 dakika) ara verdikten sonra bir kez daha deneyin.

Üçüncü denemenizde hâlâ kendinizi bırakmakta zorluk çekiyorsanız denemelerinizi sonlandırın. Bir sonraki gün kaldığınız yerden devam edin.

Bu egzersizi kaygı duygunuzu hissederek yapmanızı öneririz. Duygularınızı bastırarak, umursamayarak egzersizi yapmanız, kaygı duygunuzu yönetmeniz anlamına gelmez.

2. Gondol

Hız treninin sizin için uygun olmadığını düşünüyorsanız egzersizi gondola binerek de yapabilirsiniz.

Mümkünse gondolun en uç noktasına emniyetlice oturup hız treninde olduğu gibi kollarınızı yukarı kaldırın.

Kaygı duygunuzun bedeninize hakim olmaya çalıştığını hissedin.

Bu hisse teslim olmayın.

Kendinizi bırakın.

Kollarınızı yukarı kaldırın.

Bedeninizi kaygıya rağmen bırakın.

Birinci denemenizde kendinizi tamamen bırakamadığınızı düşünüyorsanız bir süre sonra (yaklaşık 30 dakika) ikinci denemeyi gondolun ortasında bir yere oturarak gerçekleştirin.

İkinci denemenizde başarılı olursanız, bir süre sonra (yaklaşık 30 dakika) üçüncü denemenizi yine gondolun üst noktasına oturarak yapın.

İkinci denemenizde de kendinizi tamamen bırakamadığınızı düşünürseniz, bir süre sonra (yaklaşık 30 dakika) yine gondolun orta noktasına oturup üçüncü denemenizi gerçekleştirin.

Üçüncü denemenizde de kendinizi tamamen bırakamadığınızı hissederseniz denemelerinize o günlük ara verin.

Bir sonraki gün kaldığınız yerden devam edin.

3. Uçan Sandalye

Egzersizi hız treni ve gondolda yapamayacağınızı düşünürseniz uçan sandalyeleri deneyebilirsiniz.

Uçan sandalyenize emniyetlice oturun ve omuzlarınızı, kollarınızı ve bacaklarınızı tamamen bırakın.

Sandalyeler hareket etmek üzere yukarı doğru çıktığında kaygı düzeyinizi kontrol edin, kendinizi bırakın.

Organizmanız sizi bedeninizi kasmaya zorlasa da bedeninizi tamamen bırakın.

Sandalyeler hareket ettiğinde kollarınızı yukarı kaldırın.

Kendinizi bir boşluğun içerisine bırakmışçasına özgürce bırakın.

Tüm kaygınıza rağmen bedeninizi kasmayın.

Bırakın.

Dördüncü ortam olan lunaparkta yapacağınız egzersizlerde bu üç araç haricinde başka bir aracı kullanmamanızı tavsiye ederiz. Hangi istikamete döneceği belli olmayan, döngüsü sürekli değişen, algısal kontrolü kaybettiren araçlar bu egzersiz için uygun değildir.

- **6. HAFTA** -

insan ile temas

ÖN BİLGİLER

Onarımın birinci haftasından bu yana kendinizi yalıttınız.

Dost, arkadaş, komşu ve ailenizle teması kestiniz.

Televizyon izlemediniz.

Radyo dinlemediniz.

Telefon ve sosyal medya kullanmadınız.

5 hafta boyunca insan ve duygu ile etkileşiminizi azalttınız.

Organizmanıza yönelen dış dünyaya ait dürtüleri en aza indirdiniz.

Egzersizlerinizi insandan arındırdığınız bir ortamda gerçekleştirdiniz.

Bu hafta adım adım dürtü ortamına, yani insan ile etkileşime yeniden başlayacağız.

Kontrollüce...

Yalıtımdan çıkışın başlangıcını oluşturan bu hafta da kendi başına bir egzersiz haftasıdır.

Onarım süreci bu haftanın sonuna kadar devam etmektedir.

6. HAFTA
İNSAN İLE TEMAS

UYGULAMA

Yalıtımdan çıkışın başlangıcını oluşturan bu haftada sadece insan ile kontrollüce temasa geçebilirsiniz.

Yalıtımın diğer unsurları devam edecektir.

Televizyon, radyo, telefon, sosyal medya, müzik, bu hafta da asla kullanılmamalıdır.

İnsan ile temasınızı da birdenbire yapmayacaksınız.

Bir gün temasa geçip, bir gün kendinizi yeniden yalıtacaksınız.

Temasa geçeceğiniz ilk kişiler size baskı ve zorlayıcı davranışlar oluşturmayacak kişiler olmalı...

Kaygı veren, sürecinizi sorgulayan, kazanımlarınızı hafife alan, öfke ve gerginlik yaratan kişiler olmamalı...

Temas, yüz yüze olabileceği gibi telefonla konuşma biçiminde de olabilir.

Eğer telefon kullanmayı seçerseniz bu iletişimden sonra telefonu yeniden kullanım alanı dışına almalısınız.

Aynı gün içinde bir başka kişiyle temasa geçmek isterseniz birinci kişi ve ikinci kişi ile iletişiminiz arasında 3 saatlik bir zaman dilimi olmalıdır.

İletişiminizin maksimum süresi ise 1 saati geçmemelidir.

İletişiminiz sözel olmalıdır. SMS, WhatsApp gibi yazılı iletişim araçlarını kullanmayın.

Yalıtımdan kontrollü bir biçimde çıktığınız bu hafta gruplarla iletişime geçmeyin.

Görüşeceğiniz kişiyi evinize davet etmek yerine, siz onun yanına giderek iletişim kurun.

İletişim kurduğunuz kişinin sizin üzerinizdeki etkisini duygularınızı takip ederek gözlemleyin.

Kendinizi korunaklı bir cam fanus içinde hissederek etkileşim kurduğunuz kişiyle duygusal temasa girmeden iletişime geçin.

Onarım süreci boyunca öğrendiklerinizi gerçek ortamda gözlemleyerek bulunun.

İletişim sırasında oluşabilecek kaygı ve gerilimleri dördüncü seansta anlatıldığı biçimde içinize derinleşerek takip edin.

Organizmanızın gerçek yaşamda oluşturduğu kasılmaları, gerilimleri, baskıları hayretle takip edin.

Oluşabilecek herhangi bir gerilimde görüştüğünüz kişiye değil kendi duygunuza odaklanın.

Oluşabilecek herhangi bir çatışma durumunda (haklı olsanız bile) çatışmaya girmeyin. İçinizde uyanan duyguya odaklanın.

İletişiminizi tamamlayıp yalıtım ortamına döndüğünüzde dördüncü seansta tarif edilen egzersizi yapın.

Aktif köken duygunuzu tamamen etkisiz hale getirinceye kadar egzersizinizi devam ettirin.

Günü tamamladıktan sonra ertesi gün, onarım sürecinizde olduğu gibi, kendinizi tekrar tamamen yalıtın.

Ve egzersizlerinizi eksiksizce yapın.

Bir sonraki gün, eğer arzu ederseniz, yeniden yalıtımdan çıkabilirsiniz.

Yalıtımdan çıkış şekli yukarıda tarif edildiği gibi olmalıdır.

Bir haftayı bu şekilde tamamlayın.

İnsanla kurduğunuz kontrollü ilişkide sürekli duygularınızın yönlendirmelerine odaklanın.

SEANSLAR

- 7. HAFTA -
yalıtımdan çıkış

Onarımın bu son haftasında artık yalıtımdan çıkabilirsiniz.

Onardığınız duygularınızın sürekliliğini sağlamak istiyorsanız aşağıdaki prensiplere uygun hareket edin.

1. Onarım süreci size duygularınızın nasıl yönetileceğini öğretti. Bunun mümkün olabileceğini kendinizde deneyimleyerek gördünüz.

2. Ancak henüz kendinizi tamamen onarmış değilsiniz. Üzerinizdeki duygular ve kendinizi yönetebilme gücü egzersizlerinizin devamı ile mümkündür.

3. Egzersizlerinizi aşağıda tarif edildiği şekilde günlük yaşamınızla uyumlu hale getirir ve en az 6 ay boyunca bu uyumlu süreci devam ettirirseniz oluşturduğunuz kendilik hali kalıcılık kazanır. Bunun için:

• **Hissi Hissetme ve Hissi Yönlendirme** egzersizini bu haftadan itibaren dilerseniz veya zorluk çekiyorsanız sabah ve akşam belirli saatlerin dışında da yapabilirsiniz. Artık organizmanız sizin temaslarınıza alışmış durumdadır. Gün içinde herhangi bir anda herhangi bir yerde elinizi kalbinizin sol yan tarafına koyarak içinizde neler olduğunu takip edebilirsiniz. Gözlerinizi kapadığınız bir kısa aralıkta kalbinizin kıpırtısını hissedip onunla barışık olmanın keyfi içinde tebessüm edebilirsiniz. Bu temastan hemen sonra kalbinizden hafifçe nefes alarak ve nefesinizi simanıza tatlı bir tebessüm olarak yayarak gününüze devam edebilirsiniz. Arzu ederseniz 6 ay boyunca egzersizlerinizi alışık olduğunuz saatte de yapabilirsiniz.

I. Gün içinde sessiz bir ortamda dinlediğiniz **metronomunuzu** artık günlük yaşamda herhangi bir anda, iş yaparken, kitap okurken, kahve içerken dinleyebilirsiniz. Metronomun ritmine, yavaşlığına ve kararlılığına alıştığınızı düşünüyorsanız gündelik yaşamda hızlandığınızı hissettiğiniz anlarda elinizi metronom ritminde bir yere vurarak, oturuyorsanız ayağınızla alıştığınız ritimde tempo tutarak, biyolojik ritminizi metronomsuz olarak da düzeltebilirsiniz.

Biyolojik ritminizin yavaş ve dingin olması onarım sürecinizin sürekliliği açısından oldukça önemlidir. Bunun için doğadan güç almayı ihmal etmeyin. Doğanın kendisine has bir sakinliği ve dinginliği vardır. Rüzgârın hareketi, yaprakların kımıldaması, yağmurun yağması, kuşların gökyüzünde dans etmesi, hayli güçlü bir biyolojik ritmin yansımasını içerir. Metronomla elde ettiğiniz yavaşlığı ve kararlılığı doğa ile etkileşim kurarak sürdürün. Unutmayın, doğa insanı tek başına dahi terapi eder. Evrende biyolojik ritmi bozulan tek canlı insandır. Biyolojik ritminizin bozulduğunu hissettiğinizde evrenin sakinliğine kendinizi bırakın.

II.	**Hissi Takip Etme** egzersizinizi artık seans odasında ve olumsuz düşünce oluşturarak yapmak zorunda değilsiniz. İnsan ile temasa geçtiğiniz, yalıtım sürecini sonlandırdığınız andan itibaren kuracağınız ilişkiler sırasında içinizde aktifleşen köken hisleri tıpkı egzersizlerde olduğu gibi takip edin. Ve kendinizi bırakın. İçinizdeki köken hisleri takip edin. Köken hisleri aktifleştiren kişi veya sebep ne olursa olsun, bireye değil duygunuza odaklanın. Kalabalık ortamlarda veya karşılıklı diyalog anında ortamı terk etmeniz ve hissi takip etmeniz zordur. Böylesi bir durumda yapabildiğiniz kadar gözlerinizi kapatmadan elinizi kalbinizin sol yan tarafına koymadan, içinize derinleşmeyi, köken hislerinizin nasıl aktifleştiğini ve sizi nasıl daralttığını sadece takip edin.

Köken hislerin sizde oluşturduğu hoşnutsuzluk duygularına bedeninizi ve düşüncelerinizi teslim etmeyin. Kendinizi fizyolojik olarak bırakın ve hoşnutsuzluk hissini şaşkınca takip edin. Bir süre sonra köken hislerinizin artık aktifleşmediğini gözlemlediğinizde şaşırmayın. Bu, sizin tamamen onarılmış olduğunuza da işaret etmez.

Köken hisler bireye yenik düşmeye başladıktan bir süre sonra uzunca bir süre aktivasyonunu artırmaz. Kendine has bir davranış şekli olan organizma bir süre sonra bireyi hiç beklemediği bir anda yeniden teslim almak ve önceki duygularıyla yönetmek için güçlü bir şekilde yeniden kendini gösterebilir. Bunlara atak diyeceğiz. Tamamladığınız 6 haftadan sonra belli periyotlar halinde ataklar geçirmeniz normaldir. Kitabın başlangıç bölümünde tarif edilen 'Duygu Durum Grafiği' ile bu atakların hangi periyotlarda ortaya çıktığını takip edin. Atakların arasındaki sürenin uzaması, atakların şiddetinin azalması ve atak geçirdikten sonra kendinizi toparlama sürecinizin kısalması onarımda elde ettiğiniz başarıların kalıcılığını görmeniz açısından sizi memnun etsin.

III. Kaygıya Rağmen Bırakma egzersizini artık seans odanızda yapmayabilirsiniz. Organizmanız artık kaygı sırasında kendini bırakmayı öğrendi. Kendinizi kaygılı, gerilim içinde veya hoşnutsuz hissettiğiniz bir anda fizyolojik olarak bırakın. İçinizde hiçbir olumsuz duygu barındırmadan, tüm bedeninizi, duygularınızla birlikte BIRAKIN ve RAHATLAYIN... Duygularınızda başkalarına ait olumsuzluklar taşımayın. Öfke, nefret, kin ve hırsa dair duygularınızı bırakın ve rahatlayın. Duygularınız üzerinde yıllarca tuttuğunuz başkalarına ait hisleri bırakın ve rahatlayın... Kimsenin öfkesini üzerinize almayın... Kimsenin kendini onarmamışlıktan kaynaklanan olumsuz duygularının paydaşı olmayın... Kimsenin size değersizce bakmasını, öfke ile yönelmesini kişisel kabul etmeyin, kendinizi savunmayın... Olumsuz hisler aldığınızı hissettiğinizde bırakın ve rahatlayın... Unutmayın, kendinizi iyi hissetmediğiniz zamanlarda, kasılmak yerine, bırakın ve rahatlayın... Unutmayın, öfke hissi bedeninizi kastığı sürece güçlenir, kendinizi bıraktığınız kadar zayıflar... Bırakma egzersizini artık her yerde yapabilirsiniz... Bir oto-

Ruhsal Özgürlük

büs koltuğunda, evde sandalyede, parkta, bahçede, yatarken dinlenirken... BIRAKIN ve RAHATLAYIN...

IV. Yalıtımdan kontrollü olarak çıktığınız bu haftada artık gruplarla görüşebilirsiniz. Telefonlaşabilirsiniz. Telefonunuzu sınırlı olarak kullanabilirsiniz. Gündelik yaşamınızı artık kendiniz düzenleyebilirsiniz. Yalıtımdan çıkar çıkmaz televizyona sınırsız yaklaşmanın, sosyal medya ve telefonla sınırsız bir yakınlık kurmanın onarım süresince elde ettiğiniz kazanımların kaybolmasına neden olacağını unutmayın. Kazanımlarınızın kalıcı olması için, 6 ay boyunca bu etkileşim alanlarını siz yönetin. Organizmanız sizi oyalanma davranışlarına sürüklediğinde fark edin... ve buna yenik düşmeyin...

V. Bu haftaya kadar müzik dinlemedik. Müziğin biyolojik ritmimiz ve duygularımız üzerindeki etkisini kestik. Bu haftadan itibaren müziği 'sadece' pozitif duygulara erişmek için bir araç olarak kullanabiliriz. Müziğin, onarımın yıkılmasında en büyük etken olduğunu unutmayın. Sürekli müzik dinlemek, müzikle oyalanmaya çalışmak yoluna asla girmeyin. Günde bir veya birkaç parça, pozitif duygular edinmek için kullanılabilir. Olumsuz duygu uyandıran, negatif his veren, acı verici düşünceleri çağrıştıran müzikler ise asla dinlenilmemelidir.

- BIRAK VE RAHATLA -

Kitabın buraya kadarki kısmında aşama aşama aşama şunları öğrendik...

• İçe derinleşmeyi,

• Duygularımızı hissetmeyi ve yönetmeyi,

• Metronom ile yavaşlamayı,

• **Fizyolojik** olarak kendimizi **bırakmayı**...

İyi oluş sürecinizi devam etmek istiyorsanız, bu kitapta öğrendiğiniz yöntemlerle üzerinizdeki olumsuz duyguları bırakın ve rahatlayın...

İçinizdeki kin, nefret, kıskançlık duygularını bırakın ve rahatlayın...

'Ben kindar biri değilim ki...' demeyin... Seyredin içinizi... Biriktirdiğiniz nefret duygularını **bırakın ve rahatlayın**...

Çekinmeyin, korkmayın... İçinizde 'kin'in olmasının sizin **kindar** olduğunuzdan değil, yaşadığınız olumsuzlukların çokluğundan kaynaklandığını bilin...

İncitilmiş geçmişimiz (biz istesek de istemesek de) duygularımızın üzerinde olumsuz hisler bırakır... Bu hislerin varlığı bizim için utanç verici değildir, insan doğasının bir parçasıdır... Önemli olan bu olumsuz duygulardan sıyrılıp, çocukluk yıllarında olduğu gibi, ruhsal özgürlüğümüze yeniden kavuşmaktır...

İşte buna 'affetmek' denir...

Affetmek, bizi zarara uğratan birini bağışlamak, onunla artık iyi olmaya çalışmak demek değildir...

Affetmek; zarara uğradığımız bir bireyin duygularımız üzerinde bıraktığı olumsuz hislerden kurtulmaktır...

Yıllar boyunca bizi inciten, kıran, ilgisizlikle değersizlik hissettiren, birçok durum yaşadık... Yaşadığımız her olay içimizde olumsuz duygular oluşturdu... Bugün tek tek hangi olayda hangi duyguyu yaşadığımızı hatırlayamıyoruz belki ancak içimizdeki bu duyguların ağırlığı ile yaşıyoruz...

Bu bir zaaf veya zayıflık değil, organizmamızın çalışma şekli böyledir...

Biz içimizde biriken hisleri bırakmadıkça, o hisler bizi bırakmaz...

İşte bu kitapta anlatılan yöntemleri temel kabul ederek artık içimizdeki tüm olumsuz duyguları bırakarak rahatlayacak... Rahatladıkça ruhsal özgürlüğümüze kavuşacağız...

Peki pratikte bunu nasıl yapabiliriz...

'Olumsuz Duygularınızı' Bırakın ve Rahatlayın;

Seans odanıza geçin...

Emniyetli oturuşunuzu yapın...

Arınma nefesinizi alın...

Gözlerinizi kapayın...

Kendinizi fizyolojik olarak bırakın...

Birkaç dakika hissi hissetme egzersizi yapın...

Çocukluğunuzdan bu yana yaşamınızda o ya da bu şekilde yer alan herkesi tek tek hatırlayıp onunla ilgili anıları düşünün...

Hatırladığınız her bir kişinin içinizde bıraktığı hisleri hissetmeye çalışın...

Hissettikleriniz arasında olumsuzluklar varsa; o olumsuz hissi **bırakın ve rahatlayın**...

Eğer iç sesleriniz o hissi bırakmamak üzere uyanırsa, iç seslerinizle konuşun; bunu ruhsal özgürlüğünüz için yapmak zorunda olduğunuzu söyleyin... İkna edin direnen yanlarınızı... İçiniz izin verdikçe kendinizi **bırakın ve rahatlayın**...

Buna 'affetme egzersizi' diyeceğiz...

Affetme egzersizinizi, topluca herkesi affetmek şeklinde yapmanız gerçekçi olmaz...

Çocukluktan bu yana yaşamınıza temas etmiş her bir kişi için, tek tek zaman ayırın... O kişinin içinizde oluşturduğu duyguları hissedin... Yukarıda 10 madde halinde sıralanan aşamaları gerçekleştirerek içinizdeki ağırlıklardan sıyrıldığınızı hissedin...

Affetme sırası bugünkü yakın çevrenize geldiğinde oldukça zorlanacağınızı bilin...

Uzakları affetmek kolaydır, asıl yakınları affetmektir zor olan...

Organizma, yakın çevrenizden sizi korumak üzere içinde biriktirdiği olumsuz duyguları bırakmamak için çok direnecektir...

Siz yakın çevrenizdeki insanları affetmek istedikçe dirençleriniz kuvvetlenecek, iç sesleriniz çoğalacaktır...

Bunu yapmamanız gerektiğini, yaparsanız güçsüz kalacağınızı... daha çok incitileceğinizi... savunmasız kalacağınızı size söyleyecektir...

İç seslerinizle konuşun... Bunu yapmanız gerektiğini söyleyin... Ruhsal özgürlüğünüzü özlediğinizi söyleyin...

İzin isteyin içinizden...

Artık hayatınızı olumsuz duygular biriktirerek yaşamak istemediğinizi, kaliteli yaşam arzu ettiğinizi söyleyin...

İkna edin kendinizi...

Dirençleriniz kırıldıkça; olumsuz duygularınızı BIRAKIN ve RAHATLAYIN...

ZORLUKLAR KARŞISINDA BIRAKIN VE RAHATLAYIN...

Bir karar alın... Bundan sonra kimseye ait olumsuz duygu biriktirmeyin... Biriktirdiğiniz olumsuz duyguların karşınızdaki kişiye değil, size zarar verdiğini hissedin...

Yaşadığınız olumsuz olaylar karşısında, organizmanız sizi fiziksel olarak kasmaya zorlasa da buna izin vermeyin... Gözlerinizi kapayın, kendinizi fizyolojik olarak **bırakın ve rahatlayın**...

İçinizde hissettiğiniz her olumsuz duygu karşısında, gözlerinizi kapayın, hissinizi hissetmeye çalışın, olumsuz duygunuzu bırakın ve rahatlayın...

KALİTELİ BİR YAŞAM SÖZÜ VERİN KENDİNİZE

Ruhsal özgürlüğünüzü hissettikçe, kendinize yeni bir yaşam sözü verin...

Bu yeni yaşama; **Kaliteli Yaşamak** adını verin...

Kaliteli yaşamın 4 alanda kurulması gerekir...

1- Beden dilinde kalite;

Otururken, kalkarken, kendinize telkinde bulunun: "Ben bir hanımefendiyim (beyefendiyim)" diye seslenin kendinize... Bedeninizden keyif alın, sevin kendinizi... Kendinizi aynada seyredin, beğenin...

Kendinizi beğenmenin kibir olmadığını bilin... Kibir, başkasını beğenmemektir... Kendinizi olduğunuz gibi kabul edin ve barışın kendinizle... Takı takın... Güzel giyinin... Kendinizi süslemekten keyif alın... Estetik bir hal alabilmesi için eğitin bedeninizi... Hedefiniz, zarafet ve nezaket olsun... Bunu çevreniz hak etmiyor diye düşünerek ertelemeyin, kendinizi zarif bir kişiliğe taşımaya söz verin...

2- Sözel iletişimde kalite;

İletişim dilinizi gözden geçirin; nezaket içeren kelimeler kullanın, kaba ve çirkin kelimelerden sıyrılın... Gergin de olsanız, öfkeli de olsanız asla kötü söz kullanmayacağınıza söz verin... Size söylenmiş sözleri, siz de çocuğunuza ve sizden sonrakilere söyleyerek olumsuzluk geleneğini devam ettirmeyin... Kırın zincirin halkasını... Yeni kelimeler kullanın; çocuğunuza teşekkür edin... Rica edin... Memnuniyetinizi ifade etmek için; "Sana yardımcı olmak bana kendimi iyi hissettiriyor..." diyen cümleler ekleyin aile içi yaşamınıza...

3- Düşüncede kalite;

Artık olumsuzluklara odaklanmayın... Olumsuz olaylara odaklandıkça yaşamınızın kalitesinin düştüğünü görün... Her olumsuzluğu görmeye çalışmayın... Biraz da görmezden gelmeyi becerin... Her şeyi düzeltmek, tamir etmek, iyileştirmek için gereksiz bir çaba içine girmeyin, buna ömrünüzün yetmeyeceğini bilin... Duyarsız veya farkındalığı düşük kişilerle tartışmayın, onları düzeltmeye, değiştirmeye kalkışmayın... Herkesi olduğu hali ile kabul edin; becerebildiğiniz kadarıyla insanlarla iletişiminizi devam ettirin... Kimseyi suçlamayın, herkesin bir hikâyesinin olduğunu tebessümle seyredin...

4- Duygularınızda kalite;

İçinize olumsuz duygu almayın... Yaşadığınız olumsuz olayları, olumsuz duygularla destekleme-yin... Kalbinizi her an gözden geçirin, olumsuz duyguları bırakmış kalbinizde yeniden olumsuz duygular birikmesine engel olun...

Kaliteli yaşamaktan vazgeçmeyin...

- ONARIM HİKÂYELERİ -

Aşkın K.
Ev Hanımı

Onarım sürecini ilk duyduğumda içimde tuhaf bir **direnç** oluştu. En büyük direncim 'yalıtım'a karşıydı. Sanki ucu bucağı olmayan, derin, ıssız bir yol gibi göründü 'yalıtım'. "Nasıl yaparım, etrafıma nasıl anlatırım..." diye söylendim durdum. Ancak kararlıydım. Çocuklarımı ihmal ettiğim dönemlerim olmuştu. Sürekli şikâyet etmek yerine, onlarla yeniden bağlanmalıydım. Duygularımı daha iyi yönetebilecek hale gelmeliydim.

Ve yalıtıma girerek onarım sürecimi başlattım.

Sanki ben hızlı bir trendim ve yalıtımla birlikte önüme bir set çekilmişti. Duvara toslamış gibi oldum. 'Zamanın bu kadar **geniş** olduğunu', çocuklarım ve eşimle bu denli geniş bir zamanda baş başa kalabileceğimi ilk defa fark ettim. Peki ben ne yapacaktım bu kadar boş zamanda... Kendi çocuklarımla, eşimle birlikte olmaya bu kadar mı yabancılaşmıştım...

Kendimle ilk defa bu kadar genişçe baş başa kalmam, çocukluk hatıralarımı canlandırıyordu. Her gün çocukluğumun bir dilimine gidiyordum. Yıllar içinde yaşadıklarımın kalbime nasıl da bir kıymık gibi saplandığını... acıları duymamak için 'kendimi nasıl duyarsızlaştırdığımı,' hızlandığımı, kendimden uzaklaştığımı bir film şeridinde seyreder gibi seyrettim. Metronomla yavaşladıkça, egzersizlerle içime derinleştikçe, bir yandan yıllarca **bastırdığım** acılarım gün yüzüne çıkıyor, diğer yandan tuhaf bir rahatlama hissediyordum. Sanki kalbime merhem sürülüyor, yaralarım onarılıyordu.

Egzersizlerimi yaptıkça, anlam veremediğim bir **iç genişliği**, rahatlama hissetmeye başladım. Bu duyguları uzun zamandır yaşamamıştım, **kendiliğe** yabancılık çekiyordum. Eski 'BEN' ve yeni 'BEN' arasında gidip geldiğimi, sanki yeniden 'kendi ellerimden tutup kendimi büyütüyor gibi' olduğumu fark ettim. Ayağı alçıdan yeni çıkmış bir insan gibi yavaş yavaş yürümeye doğru yol aldım sanki. Her şeyi, herkesi yeniden görebilmek, sanki bir ekrandan izler gibi kalbinin girdiği halleri seyredebilmek, 'duyguları takip edebilmek,' içinde bulunduğun halleri görebilmek mucize gibi bir şeydi. Yıllarca üzerime yapışan o hızlı halime inat, şimdilerde en sevdiğim şeyin yavaşlık olduğunu fark edebiliyorum. Önceleri sürekli birilerine ihtiyaç duyarken, artık kendimle baş başa kalmayı sevdiğimi görebiliyorum. Rüzgârın sesi, gökyüzünün tatlı uğultusu, yağmurun ferahlığı, eşim ve çocuklarım... Duygularım değiştikçe evrenin anlamı da değişmeye başladı. Gün geçtikçe sanki ölüm uykusundan uyanıyordum... Şu an, onarılmadan önceki halime acı bir tebessümle bakıyorum. Çocuklarımı zarara uğrattığımı, eşime kaygı verdiğimi, hassaslaşmış duygularımla nasıl da tepkisel yaşadığımı üzülerek görüyorum. Artık çocuklarımla çok daha iyiyim, anne olduğumu hissediyorum, kadın olduğumu, insan olduğumu... Ve çevremdekilerin de birer insan olduğunu hissediyorum... İyi ki bu yola girmişim diye düşünüyorum...

Gülbahar S.
Avukat

Evlenmeden önce onarıma ihtiyacım olduğunun farkında değildim. Aile bağlarımın çok sağlıklı olmadığının, çocukluğum ve ergenliğimin sağlıklı geçmediğinin farkındaydım. Fakat tüm bunlar nedeniyle hayata karşı daha çok güçlendiğimi, korunaklı bir yuvada büyümediğim için hayatımdaki birçok süreci yalnız başına aşabileceğimi düşünüyordum. Akademik başarılarımın çok iyi oluşuyla ve olumsuz şartları daha az önemseyen tarafımla hayattaki konumumu sıkıntılı görmüyordum. Güçlüydüm, başarılıydım... Duygusal değil, akılcıydım... Evlilikle birlikte, bu övündüğüm yanlarımın bana zarar verdiğini fark etmeye başladım... Eşimle, eşimin ailesiyle duygusal bağlar kurmak zorunda olduğumu fark ettim. Ancak zorlanıyordum... Evlilik öncesi her şey daha kolaydı zihnimde çünkü siyah ya da beyazdı; ailemden dahi olsa bana iyi gelmeyen kişilerle önce tartışıyor, sonra iletişimimi kesiyordum. Evlenince bu mümkün olmadı. Evliliğin, iki ev arkadaşı gibi beraber hoş vakit geçirmekten öte bir birliktelik olduğunu fark ettim. Eşime **bağlanmam** gerekiyordu... Ona 'kendimi bırakmam...' Ama güvensiz yanım bir türlü bunu gerçekleştiremiyordu. Bağlanmak istemiyordum sanki, ayrılma korkusu vardı sanki içimde.

O süreçte bir bebeğimiz olacağını öğrendik. Anne olmak kendimi bildim bileli çok istediğim bir şeydi, çocukların dünyasını seyretmeyi ve onlarla vakit geçirmeyi çok severdim. Bu haberle çok mutlu oldum, her şey harika olacaktı. Yavrumla çok güzel vakitler geçirecek, ona sıcacık bir çocukluk yurdu verecektim. Ama kızım dünyaya geldiğinde işler tam olarak böyle gitmedi. Kızımla her an beraberdim, 'güvenli bağlanma'ya gayret ediyordum... Ancak içimde aniden bir **daralma** peydahlanıyordu. Birden hayata karşı, kızıma ve annelik sorumluluklarıma karşı bir soğuma içine giriyordum. Bu hal geçtikten sonra, yine sevgi yumağı oluyordum. İniş çıkışlarım beni yoruyordu. Öfkeli halimden kurtulunca kendimden utanıyordum. Kendimi bir anda dünyanın en şanslı ve mutlu insanı, bir anda da dünyaların başına yıkıldığı, kaderin sillesini yemiş bir kurban gibi hissetmekten çok yorulmuştum.

Bir şeyler yapmam gerektiğine çok inandığım bir sırada, Adem Güneş ile görüşmeye karar verdim. Çünkü ilk hedefim kızım için ne yapmam gerektiğini güvenilir bir kaynaktan öğrenmekti. Kendimi çoktan geçmiş bir vaziyetteydim. Onarıma dair bir bilgim yoktu, kızım için pedagojik danışma amacıyla gitmiştim.

Adem Hoca bana, çocuğumla yaşadığım problemin kaynağının kendim olabileceğinden bahsetti.

Kendimi kızıma veremiyor olma ihtimalime değindi. O an çocukluğum sanki gözlerimin önüne serildi. Bütün bir yaşantım boyunca duygularımı korumayı, 'kendimi bırakmamayı' öğrenmişken, şimdi kendimi çocuğuma bırakmam isteniyordu. Ben kızımı nasıl yetiştirebilirim derken, o içimdeki daralmaların sebebini söylüyordu: "Duygularını onardıkça, kızına kendini bıraktıkça güvenli bağlanabilirsin," diyordu. İlk defa kimseyi suçlamadan, sadece kendime, **duygularımın yara almış yanlarına** odaklanmaktan bahseden bir çıkış yolu duymanın ferahlığını yaşıyordum. İnanç ve hevesle girdim bu yola...

Egzersizlerimi harfiyen yerine getirdikçe, içime doğru derinleştikçe, kalbimdeki ağrılarla yüzleştikçe rahatlıyor, kendimi keşfediyordum.

Onarımdan önce belki her gün gelen **suçluluk** ve **yetersizlik** hislerinin sıklığı ve şiddeti anlam veremediğim bir şekilde azaldı.

Yalıtımdan çıktığımda içimde tam bir süt liman olma hissi vardı, nefes alırken gülümsemek geliyordu içimden. Gördüğüm her şeye selam vermek istiyordum, kızımla sokak lambasından kargalara, yağmura ve kedilere, her şeye selam vererek geziyorduk.

Onarımdan önce belki her gün gelen suçluluk ve yetersizlik hislerinin sıklığı ve şiddeti anlam veremediğim bir şekilde azaldı. Onarımdan önce, yaşadığım her sıkıntının beni bir ömür esir edeceği kaygısına kapılıyor, bu yüzden de çözümden çok uzak bir noktada sadece çaresizliğime ağıt yakıyordum. Bu süreçte durup bir uzaktan bakmayı, muhakeme konusunda daha kaygısız durabilmeyi öğrendim.

Onarımla beraber ilişkilerimde girdiğim çıkmaz sokaklarım bitti, her konu hakkında hislerimi fark edip suçlayıcı 'sen dili' kullanmadan ifade edebilmeyi ve çözüme kademe kademe ulaşabilmeyi öğrendim.

Kendimi aşırı güçlü zannettiğim noktalarda aslında kırılgan olduğumu fark ettim, güçlü olmadığımı ve hatta bazen güçlü olmam gerekmediğini de kabullenip rahatladım. Kendimi aşırı mağdur hissettiğim noktaların sonsuza kadar saplanıp kalacağım bataklıklar olmadığını, sakinlikle çözüm yolunun görünür olduğunu deneyimledim. Hiçbir sorun bir ömürlük hapishane değil, belki bir labirentti. Geleceğe dair yoğun mağduriyet kaygılarımla kurguladığım senaryoların yoruculuğunu ve çoğu kez de yersizliğini farkettim.

Hislerimdeki iniş ve çıkışların kızımdaki tesirlerinin daha da farkına vardım. Tüm bu farkındalıkların neticesinde kızım ve eşimle ilişkimizin kalitesi dışarıdan dahi farkedilir biçimde arttı.

Sevgi Ş.
Akademisyen

Kendimi bildim bileli hayata küskündüm. Mutsuzdum. Huzursuzdum. **Duygularımı yönetemiyor**, hangi kapıyı çalsam sonuç alamıyordum. Evlendikten sonra işler daha da sarpa sarmaya başladı. Duygusal açıdan yakın ilişkileri beceremiyordum. Ne doğru düzgün eş olabiliyor, ne de anneliği becerebiliyordum. Öfke doluydum, çok öfke dolu... Herkese, her şeye karşı öfke... Tanrıya, beni sevgisiz bırakanlara, üzenlere, en çok da kendime...

Aile içinde gündüz bu duygularla boğuşurken dış dünyada her şey normalmiş gibi yaşıyordum. İçimde mutsuz ve huzursuz, dışımda başarılı ve çalışkan... Nereye gitsem, elime ne alsam hep en iyiydim. Toplumdaki statüm, saygınlığım hep en üstte idi. Oysa aile hayatımın verdiği ağrılarla baş edemiyordum. Aslında içimdeki çığlık "Bir çözümü olmalı, böyle yaşanmaz" diyordu. Çocukluğumdan beri 'onarılmaya' olan ihtiyacımın farkındaydım fakat bunun adının 'onarım' olduğunun bilincinde değildim belki de.

Ve sonra bir mucize oldu. Anne oldum! "Ebeveynlik insanın içindeki tüm acıları uyandırırmış." Benimkiler hiç uyumuyorlar sanıyordum, yanılmışım. Uyumakta olan ne çok acım varmış. Ben bu kadar acıyı taşıyamazken yeni acılarla yüzleşmek ve kendinden bir tane daha yetiştireceğini görmek zor, çok zor geldi. Bu masum yavruya zarar veremezdim. İşte o an eşim sımsıkı tuttu elimden ve beni duygusal iyi oluş süreciyle tanıştırdı. Onarım sürecimiz böylece başlamış oldu.

'Onarım' kelimesinin kendisi zaten bu sorunun cevabını içinde barındırıyor diye düşünüyorum. **Kendinizi onarıyorsunuz, çevrenizdekileri ya da şartları değil**. Viran bir mahalledeki viran bir ev gibisiniz. Kendinizi onarınca zaten güzelleşiyor ve etrafa da güzellik saçıyorsunuz. Aksi mümkün müdür ki zaten? Etrafınızdaki herkesi ve her şeyi değiştirmek? Hem herkesin değiştirmek istedikleri bu kadar farklıyken, çatışma ihtimali olmadan bunu yapabilmek? Sanmıyorum. Değiştirmeye gücünün yeteceği tek şey kendinsin ve 'sen değişirsen, dünya değişir', geldiğim noktada buna yürekten inanıyorum.

Onarım süreci kendine has bir dinginlik içinde geçiyor. Bir sabah uyanıp "Aaa, ben onarılmışım, ne kadar da değişmişim, yaşasın" demiyorsunuz. Adem Hoca'nın çok sevdiğim bir sözü var: "Duygularınız bir gecede bozulmadı, iyileşmeniz de bir gecede olmayacak... Duygularınız, yavaş yavaş ve hiç farkına varmadan zarara uğradı, aynen öyle, yavaş yavaş ve farkına varmadan onarılacaksınız..." Tam anlamıyla öyle oluyor. Başlangıçta bir şey anlamıyorsunuz. Birtakım egzersizlerle ilerliyorsunuz. Bir süre sonra öfkenizin azaldığını, içinizdeki karamsarlıkların kalktığını garip bir şekilde hissediyorsunuz. Bir bakıyorsunuz, yere düşen yaprağın sesini, rüzgârın teninizi okşayışını hissetmeye ve zevk almaya başlamışsınız. Bir bakıyorsunuz ne sorun çıkarsa çıksın karşınıza, aklınıza gelen tek çözüm bağırıp çağırmak olmuyor, hayat tatlı geliyor. Yaşamaktan zevk aldığınızı hissediyorsunuz... Bir bakıyorsunuz buna kızardınız, kızmamışsınız, hatta tebessüm ediyorsunuz. Önceden öfke duyduğunuz insanlara sevgi, merhamet duymaya başlıyorsunuz. Yunus Emre, Mevlana esasında ne demek istiyor, daha iyi anlıyorsunuz. Bütün bunlar kendi içinizde adım adım gelişirken onarımın ne demek olduğunu da daha iyi anlıyorsunuz.

Son olarak şunları söylemek istiyorum; bir koordinat düzlemi üzerinde düşünecek olursak, ben Y ekseninde eksi noktalardan başladım onarım sürecine. Ve 2,5 yılın sonunda sıfır noktasına belki ancak ulaşabildim. Sıfır noktası bile bu kadar güzelse, pozitif değerlerde yol kat etmiş arkadaşlarımı düşünemiyorum bile. Ne kadar ekside olduğunuza takılmayın, geldiğiniz noktada diğer insanlara göre ne kadar geride olduğunuza da... Sadece aldığınız yola bakın. Ve bu yolun, devam etmeniz için gereken enerji olduğunu unutmayın.

Rumuz: Aslı
Öğretmen/Aile Danışmanı

Etrafımdaki çoğu insan gibi ben de orta halli bir çocukluk geçirdiğimi düşünüyordum, Kimi zaman duygusal ihtiyaçlarına karşılık verilmeyen, kimi zaman duyarsızca "Hiçbir şey olmadı ki!" denilen, kimi zaman kardeşi ile kıyaslanarak edilgenleştirilmeye çalışılan bir çocuk olmuşum. Çocuğum olduktan sonra bunların farkına vardım ve o zaman çocukluğumun acısını içimde hissetmeye başladım. Tüm yaşadığım acılar o zaman gün yüzüne çıktı. Bu acıları hissetmeye başladıktan sonra zaman zaman annemin nefret dolu bakışlarını anımsayıp kendimi çok fazla duyarlı hale getirdim. Hiç hata yapmamalıyım endişesine kapıldım. Tüm şefkatimle bebeğimi sarıp sarmalamaya çalışırken, mükemmel anne olma kaygısına kapıldığımın farkında bile değildim. Anneme olan birikmiş öfkemden dolayı "Ben asla annem gibi bir anne olmayacağım" diye söz verdim kendime. Ergenliğimde, üniversite hayatımda hatta evlendikten sonra bile bu konuda ara ara anneme karşı öfkemi kusmuştum. Anne olduktan sonra da mükemmel annelik yapamayışımın faturasını yine anneme kesmeye çalışıyordum, sanki hâlâ küçük bir çocukmuşum gibi... Kitaplar okumaya başladım. Her şeyi kitaplardaki gibi yapınca annemin bana yapamadığı anneliği ben oğluma yapacağım zannederek. Hiç çatışma olmayan bir aile hayali kurmuştum. İlk okuduğum kitap Annelik Sanatı idi. Orada üstümdeki yükleri ve kendimi ne kadar yalnız hissettiğimi fark ettim. Sanki bana hitaben yazılmış bir kitaptı. Arka kapak yazısını okurken gözyaşlarımı tutamamıştım. Aslında o kitabı okuduğumda desteğe ihtiyacım olduğunu anlamıştım. Ancak destek alma fikrini kabullenemedim. Oğlum büyüdükçe ona olan yakınlığım da azaldı, 2 yaş civarına geldiğinde artık onun bazı şeyleri anlamasını, engellemelerime boyun eğmesini bekliyordum. Bazen onu içimden sevgim taşarcasına sevdiğimi hissediyor, bazen de sanki düşmanımmış gibi öfke duyuyordum... Tahammül seviyem giderek azalmaya başlıyordu. Oysa ben annem gibi bir anne olmamaya söz vermiştim ama şimdi kıyamadığım, canımdan çok sevdiğim yavruma annemin bana baktığı gibi bakıyordum. Baş edemediğim durumlarda öfke dolu oluyordum. Bazen kendimi kontrol edemeyip fiziksel şiddet uygulayabiliyordum. Tuvalet eğitimi sırasında kendimi daha da kontrol edemez hale geldim. Uzman desteği alma kararım, yavrumda daha derin yaralar açtıktan sonra, işin içinden tek başıma çıkamayacağımı anayınca zorunlu bir karar oldu.

Sonunda benim de onarım sürecim başladı...

Danışmanım benim için 'tam yalıtım' önermedi çünkü yanımda duygusal olarak destekçim, eşim yoktu ve ailemin yanında kalmak durumundaydım. Kısmen yalıtım yapabildim.

İlk haftayı biraz sakin geçirdim. Sonraki hafta ise öfke patlamalarım başladı. Daha şiddetli bir şekilde oğluma karşı tepkisel oldum. Onu hırpaladım, ittirdim ve ürküttüm. Benim için en zor olan durum, oğluma zarar vermek istemediğim halde aniden patlamalarımdı. Kendi içimdeki bu duyguyla baş etmeyi öğrenmeye çalışmak çok yorucuydu. **İçimde kaynayan bir volkan vardı ve her an patlamaya hazırdı**... Bu volkanı kontrol altına almak çok büyük bir iç mücadele gerektiriyordu. Bir yandan volkan kaynamaya devam ederken, diğer yandan içime derinleşmeye çalışmak katlanılamayacak kadar acı vericiydi. Kaldı ki her zaman bu acıyı hissedemeden birden patlıyor ama bunun nasıl olduğunu anlayamıyordum. Acı duymamak için direnç gösteriyordum. Öfkemi özellikle oğlumdan çıkarıyordum. Kendi acımla kalmaya başladıkça, acıya dayanıklılığım arttı. Kaçmak yerine, acıya rağmen zarar vermemeyi seçmenin acı huzurunu yaşıyordum. Acı dayanılmaz olsa da zarar vermemeyi öğrenmek huzur veriyordu.

Onarım içinde mücadele ettiğim en önemli şey; **edilgenliğimden dolayı çocukluğumdan bu yaşıma kadar oluşturduğum 'sahte benliği'mdi. Sahte bir benliğim olduğunu görmek ayrı, onunla yüzleşmek ayrı bir acı kaynağıydı. Sahte kimliğimde ben mükemmel biri idim. Hatalarıma gözüm kördü.** Oysa ben de bir insandım ve hatalarım vardı. Bazen yalan söylüyor, bazen dedikodu yapıyor, bazen de kibirli biri oluyordum. Daha şimdi aklıma gelmeyen birçok hatayı yapabildiğimi ve bu hatalarla beraber **'kendimi kabul etmem'** gerektiğini öğrendim. İnsan hata yapardı. Ve hatalarıyla yüzleşip onları düzeltmeye çalışmak insanın en değerli tarafıydı.

Onarımdan sonra kendimle olan ilişkim değişti. Diğerlerine bakış açım değişti. Çocukluğumdaki gibi güvensiz, korunması gereken bir halde olmadığımı, diğer insanların da benim hayatımda son söz sahibi olmadığını gördüm. Kendime ve insanlara biraz dışarıdan bakarak anlamaya ve yaptıklarının nedenini anlamlandırmaya çalışıyorum. Önceden yaptıklarımın sorumluluğunu ya tamamen başkasında ya da tamamen kendimde arardım. Başkalarını anlama ve yaptıklarını değerlendirme söz konusu olduğunda pek çok şeyi kişisel alırdım ve alınsam da bunu hiç dile getirmezdim. Bazen de bana kasti olarak sınırları aşan bir şey yapılsa da sınırlarım olmadığı için yapılan davranışa kayıtsız kalırdım. Şimdi 'kendimi yeniden inşa etmeye' çalıştığım bir döneme girdim. Yeni doğmuş bir bebek gibi hayatı yeniden öğrenmeye çalışıyorum. İnsan ilişkilerini yeniden gözlemleyerek nerede sınırım olmalı onu bulmaya ve kurmaya çalışıyorum. İnsan olmayı, ilişki kurmayı, sevmenin ne olduğunu, fedakârlığın nerede başladığını, nerede bitmesi gerektiğini, nerede kendi sorumluluklarımın sorumluluğunu alarak önceliği kendime vermem gerektiğini öğrenmeye çalışıyorum. Kendime bir kişilik oluşturmaya, bir meslek bulmaya, kendi anneliğimi hissederek yapmaya, eşliği, evlatlığı, insan olmayı öğrenmeye çalışıyorum. **Kendi yaralarımı görmeye ve bu yaraların verdiği acılarla hayata devam etmeye çalışıyorum. Bu yaralara dokunan insanların da yaralı olduğunu görüp onların yaralarını da hissederek kimseyi yaralamamayı öğrenmeye çalışıyorum.** Adem Güneş'in "Çocuk dünyaya ruhsal olarak 4 yaşında doğar" sözünün karşılığında ben, 27 yaşımda doğdum ve şimdi kendimi ve hayatı emekleyerek öğrenmeye çalışıyorum. 'Ruhsal özgürlüğü' damla damla ruhumda hissetmeye başladım. Özgürlük kelimesi onarımdan sonra benim için farklı bir anlam kazandı.

Yaşadığım ne olursa olsun hissetmenin özgürlüğünü yaşıyorum. Kendime acıyı ve huzuru hissetmek için izin vermeyi öğreniyorum. Dengeli bir hayat nasıl olurmuş onu öğrenmeye çalışıyorum. Adem Güneş'in sekine hali dediği hali yaşıyorum ara sıra. Hava neden yağmurlu diye canımı sıkmadan ya da "Oooo baaak yağmur yağıyor!" diye abartmadan, sakin bir halle yağmurun sesini duymayı, tenime dokunmasına izin vermeyi huzurla hissederek yaşıyorum.

Bu, hiç öyle kolay bir yol değil. Kendinle yüzleşip ne olduğunu kabul etmek hiç kolay değil. Defalarca seni sana unutturmaya çalışan organizmaya karşı, kendini görmen ve yüzleşmen gereken bir yolculuk. Her şeye rağmen içimdeki huzuru hissettiğim bir dakika için bile değecek bir yolculuk. Bitmeyecek, hep sürsün denecek bir yolculuk. İyi ki bu yola girmişim. İyi ki bu yolu seçmişim.

Nurgül Y.
Filolog

Onarılmaya olan ihtiyacımı fark ettiğim zamanlar, kendimi en dibe batmış hissettiğim dönemlerdi. Evliliğim bitmek bilmeyen kavgalarla sürüyordu. Ne yapacağımı bilemez haldeydim. Şimdi geriye dönüp baktığımda, onarım süreciyle fark ediyorum ki, biz daha **birey olamadan** eş olmaya, karı-koca olamadan anne baba olmaya çalışmışız. Bu hem beni hem de eşimi yormuş.

Oğlum dünyaya geldiğinde, her anne gibi onu her şeyden çok sevdim. Onun mutluluğu için çabalıyordum ama içimde yenemediğim bir **daraltı** hali vardı. Mesela oğlum emmek için ağladığında şimdi yine dakikalarca emecek ve daralacağım diye önce telefonu alır, sonra oğlumu emzirirdim, oyalanırdım telefonla ya da başka araçlarla. İlişkilerimde 'duygusal temas kurmaktan' hep kaçtığımı onarım süreci sırasında anladım... Bu benim için oldukça önemli bir farkındalık oluşturdu.

Oğlum henüz 15 aylıkken bir de kızımız oldu. İki bebeğime de yetebilmek, ihtiyaçlarını giderebilmek için çok çaba gösterdim bu süreçte. İkisini birden emzirdim, birlikte uyudum, her anlarında mükemmel bir anne olabilmek için çırpındım. Olmaya çalıştığım hal ile içimde yaşadığım duygular arasında boğuluyordum. Onlardan bir dakika bile ayrı kalamazken, aynı zamanda birlikte vakit geçirdiğimizde daralıyordum. Her akşam eşime halimden yakınır olmuştum. Bu döngü içinde duyarsızlaşmaya başlamıştım. Çocuklarımın hal ve davranışlarıyla baş edemez haldeydim. Öyle bir noktaya gelmiştim ki 'Hangi anne hangi kadın olsa bu hayattan isyan eder' diye düşünüyordum.

Tam da bu noktada, çocuklarımın davranışlarını düzeltebilmek adına pedagojik destek almak için Adem Güneş'e ulaşmam gerektiğine karar verdim. Bekleme süresi içinde kendisinden yardım alan birkaç kişiyle konuştum. Adem Güneş, çocuk davranışlarına çözümler sunuyordu ama bunu öncelikle anne baba davranışlarını düzelterek yapıyordu. **Çocuklarımın her hali benim halimin bir yansımasıydı, olumlu ya da olumsuz**. Onarım süreci yaşayan arkadaşlardan duyduklarımla bunu öyle derinden hissettim ki, yaşadığım her hal bir anda anlam bulmuştu. Evlatlarımı yeniden görür oldum. Onlar bana "Anne, gözlerime bakmıyorsun... anne beni duymuyorsun... anne bak ben senin peşinden nasıl koşturuyorum sen karşılık vermiyorsun..." diyemezlerdi elbette. İçinde bulunduğum ve onlara yansıttığım olumsuz duyguların tesiriyle ya kardeşine vuruyor, şiddet gösteriyorlar ya altını ıslatıyor veya gecelerce ağlayarak uyanıyorlardı...

Çocuklarım için kendimi onarmalıydım.

Ve onarım sürecim başladı.

Sürecim oldukça başarılı geçiyordu. Kısa bir süre sonra kendimi **iyi hissetmeye** başlamıştım ama tuhaf bir şekilde içimdeki sesler 'mutsuz olmam gerektiğini' söylüyordu. Bunun terk depresyonu olduğunu anladığımda, organizmamın benden bağımsız davranışlarını somutça görmeye başladım. Duygularım mutlu olmaya alışkın değildi, bu hali yabancılıyordu. Aslında mutlu olmak için özel bir durum yoktu yaşantımda, her şey aynıydı. Fakat seanslar ilerledikçe anlam veremediğim bir iyilik hali gelişiyordu içimde.

Bir süre sonra **iç seslerimin** de değiştiğini gözlemledim. Önceden iç seslerimin, mutsuz olacağım ne varsa ona odaklanırken, artık olumlu konuşuyor olması, yaşama sevincimi kazanmam, duygularımı yönetebilmem ve her halimi kabul edebilmem daha önce hiç tanımadığım kazanımlardı. Çocuklarıma, eşime ya da dışarıdan herhangi bir dürtüye kontrolümü kaybetmeden tebessümle bakabilmek inanılmaz heyecan vericiydi. Sanki onarım sürecinden önce duvara karşı gaza basıp arabayı çarpa çarpa rastgele sürmek gibiydi hayat, şimdi önümü görebiliyorum; çarpacaksam frene, yolum açıksa gaza basabiliyorum. Bu etken halim bazen kaybolabiliyor, rotam şaşabiliyor, hatta duyarsızca davranabiliyorum ama "Hayatı, hayatın içinde öğreniyoruz" demişti bir defasında Adem Güneş. Bu sözü hatırlayıp tekrar içime derinleşiyor, duygularıma temas ediyor ve yolda kalmadan devam edebiliyorum artık.

Onarım sürecinin bana kazandırdığı en önemli şey çocuklarım oldu... Çocuklarım yeni doğmuş gibi, onlarla ilk kez karşılaşıyor gibiydim. Kızımın minik parmaklarını gördüm mesela ilk kez. Burnumun direği sızlaya sızlaya baktım parmaklarına... Oğlum gülerken gözlerindeki ışıltıyı fark ettim yüreğim yana yana...

Sanki sevgiliyle ilk buluşma gibi her onlara bakışımda içimi kıpır kıpır ediyor artık.

Bazen 'Bunlar benim çocuklarım mı...' diye hayranlıkla bakıyor, içimin tatlı sızısı ile sarıyorum çocuklarımı.

Son bir şey daha eklemek istiyorum: Daha önceleri etrafımdaki insanlara karşı bir hayli edilgendim. Onlarla güler, onlarla ağlardım. Şimdi, **kendim olmanın tuhaf huzurunu yaşıyorum**. Artık çevremdekilere uyum sağlamak için değil, içimden geldiğinde coşku ile gülüyor, coşku ile ağlayabiliyorum. Onarılmış halimle yaşarken çevremdeki insanların bana duyduğu saygının arttığını hissediyorum.

Zübeyde İ.
Ev Hanımı

Ruhsal onarım sürecimden önce kendimi ve çocuklarımı yetiştirmek üzere birçok psikoloji kitabı okumuş, çocuk eğitimi ile ilgili bilgiler edinmiştim. Ancak onarım, kitapları yalayıp yutmaktan, 'zihinsel iyi oluştan' başka bir şeymiş. İnsanın iç derinliklerine erişmesi, kendini tanımaya başlaması bambaşka bir şeymiş. Bunu onarım süreci içinde fark ettim.

Kendimi onarma kararıma çevremden karşı çıkan olmadı. 'Bakalım ne olacak' diye bir tereddüt içindeydiler yine de. Onlara göre çevredeki şartlar değişmeden onarılmak mümkün değildi belki de. Fakat bunun mümkün olduğunu hep beraber gördük... Onarım çevreden tamamen bağımsız bir şey. İnsanın kendi içine doğru bir yolculuk bu... Dış etmenler ne kadar olumsuz olsa da, zararı olmuyor; hatta katkı bile sağlayabiliyordu sürece.

Onarım sürecimin ayrıntılarından bahsetmeyeceğim. Onun yerine süreç sonunda neler yaşadığıma biraz daha detaylı değinmek istiyorum.

Rahatladım. İçime bir ferahlık geldi diyebilirim. Anlam veremediğim bir iyilik haliydi yaşadığım. Eşimi, çocuğumu, doğayı duyabiliyor olmanın keyfi...

Daha iyisi olmaya çalışmadan, kendini sunma gayretinden uzak, kendin olabilmenin keyfi... En azından gece yastığa başımı koyduğumda onlarca düşünce hücum etmiyor zihnime artık.

Bir gün, hiç unutmuyorum, eşimle ve çocuğumla bir dere kenarına gittik. Tuhaf bir mutluluk hissediyordum içimde. Bir tepeye tırmandık. Tepenin ucuna doğru yürüdüm ve oradan izlemeye başladım dereyi... Normalde yükseklik korkum vardı. Korkmam gerekiyordu uçurumun kıyısında durmaktan ama korkmamıştım bu kez... Hayret içindeydim... O sırada derenin içinde yürümeye çalışan üç tane inek gördüm, bir kıyıdan diğer kıyıya geçmeye çalışan üç inek... Onları izledim. Biliyor musunuz, ben o gün orada sanki dünyanın en heyecan verici ve en güzel sahnelerinden birini izlemiştim. İçim coşku doluydu. Duyabiliyordum! Ve bu harika bir şeydi! Kollarımı açtım, avuç içlerimde rüzgârı hissettim, neşe içinde gözyaşı akıttım orada...

Hayatıma önemli dokunuşlardan birini yapan yamaç paraşütü deneyimimden de bahsetmek isterim. Önceden yükseklik korkumdan dolayı, bir binanın ikinci-üçüncü katından aşağı bakamayan biriydim. Onarımdan sonraki yaz dönemindeydik. Eşim yamaç paraşütü yapmak istiyordu ama benim cesaretim yoktu. Bu konuyu Adem Hoca ile görüştük. Bana "Bunu yapın" diye tavsiyede bulundu. Ben, "Yükseklik korkumu yenmek için mi bunu yapmalıyım?" deyince, "Hayır, kendiliği yaşamak için, ruhsal özgürlüğünüzü yakalamak için yapın" dedi. O zaman anladım yapacağım şeyin görünenden daha fazlası olduğunu... İçimdeki korku hissi yerini heyecan ve meraka bıraktı bir anda. Hemen rezervasyon yaptırdık ve Ölüdeniz'e doğru yola koyulduk.

Nihayet o an gelmişti. Çocuklarımı eşime emanet ettim. 6-7 kişilik bir ekip ve uçuş antrenörlerimizle birlikte servise bindik. Babadağ'ın paraşüt zirvesine tırmanıyorduk. Nasıl bir heyecan, merak, bilinmezlik karmaşası içindeydim anlatamam.

Atlama alanına gelmiştik. Aşağı doğru eğimli bir parkurdaydık. Denizden yüksekliğimiz yaklaşık 2.000 metre idi. Antrenörüm beni yanına çağırdı. Ayakkabılarımın altı kayıyordu. Ayakkabılarımı göstererek "Kayıyor" dedim kaygıyla. Öfkelendi birden, tuhaf bir şekilde azarladı beni. "Geç araca otur, bu şekilde uçamayız, daha şimdiden mızmızlanıyorsun!" nevinden şeyler söyledi. Daha önceleri olsa, kendimi çok kötü hisseder, birden tepkiselleşir, öfkeyle her şeyi bırakır giderdim. Ancak, enteresan bir şekilde **değersizlik** hissetmedim. Aksine gayet sakin, kararlı bir ses tonuyla, "Beyefendi, lütfen bağırmayı bırakıp bana ne yapmam gerektiğini anlatır mısınız? Ben buraya uçmaya geldim, araca geri dönmeye değil" dedim. Beyefendi durmadı, söylenmeye devam etti. "Daha baştan ayakkabım kayıyor diyorsun!" dedi hiddetle... Ben yine dengemi hiç kaybetmeden, "Evet, çünkü kayıyor ve doğru olan bunu size söylemek diye düşündüm" dedim. O an içimde tuhaf bir güçlülük vardı. Bu duruşumu takdir ediyordum içimden. Sakin ve güçlü duruşum antrenörümü de etkiledi. O da sakinleşti. Neler yapmam gerektiğini anlattı. Rüya gibi bir şeydi yaşadığım... Ne ona öfke duyuyor, ne de duygusal dengemi yitiriyordum.

Hazırlıklarımızı tamamladıktan sonra, eğimli yamaçtan aşağı doğru birlikte biraz koştuk ve ayaklarımız yerden kesildiği anda arkamıza bağlanan oturağa oturduk.

Uçuyorduk... Ölüdeniz semalarında, yavaş yavaş aşağı doğru süzülüyorduk. Kollarımı açıp kendimi tamamen rüzgâra bıraktım. Hiç bitmesin istedim. Yalıtımdayken kendimi gökyüzüne salıncak kurmuş sallanırken hayal ettiğim zamanları hatırladım. Demek ruhsal özgürlük buymuş. Kendiliğin ve özgürlüğün nasıl bir şey olduğunu iliklerime kadar hissettim.

Ve inişe geçmiştik... Aşağıda eşim ve çocuklarım beni bekliyordu. Toplamda 45 dakika kadar havada kalmıştık ama bana 5 dakika gibi geldi. İşin maddiyat boyutu olmasaydı, ikinci atlayışımı yapmak için tekrar tırmanmaya hazırdım. Doyamamıştım. Bir yandan da nasıl korkmadığıma, yaşadığım olumsuzluklara rağmen nasıl vazgeçmediğime, nasıl bu kadar keyif aldığıma şaşırıyordum. İçimde müthiş bir **genişlik hissi** vardı indiğimde. Kaygılarımdan arınmak nasıl da geri veriyordu ruhsal özgürlüğümü... Duygularımı onarmak fark ettirmeden neler katıyordu; çok somut olarak bir kez daha yaşayıp görmüştüm.

Elif B.
Ev Hanımı

Huzursuz, mutsuz ve şiddet dolu bir evde büyüdüm. 21 yaşında evlenip 22 yaşında anne oldum. Eşim bana değer veren bir insan. Birbirimize sevgimizi gösterebiliyoruz çok şükür. Yılların bende oluşturduğu hırpalanmayı ilk önce yavruma karşı davranışlarımda fark ettim. Ağlamalarına, onun çocuksu (benim yaramazlık olarak nitelendirdiğim) davranışlarına tahammül edemeyen bir hale geldim ve böyle 5 sene geçirdim. Bu arada bir evladım daha oldu. İçimde süregelen çalkantılarla iki emanete annelik etmeye çabalıyordum.

Bir gün bir kriz anında büyük kızımı öyle hırpaladım ki... Sonra kendimi kaybedip hıçkırıklarla ağladım... Bir süre sonra o hırpaladığım kızım, ağlaya ağlaya, içini çeke çeke yine bana gelip sığınmaya çalışmıştı. O an içim yandı. Bu şekilde devam etmek istemediğimi anlamıştım. İçimde bir yangın vardı. Kendimce o yangının harlı alevlerine aldırış etmeden biraz su döküp söndürüyordum; tabiri caizse günü kurtarıyordum. Fakat altta yatan közler bir rüzgârla tekrar alevleniyordu. Bir süre sakin gitsem de sonra bir şey oluyordu ve ben kriz gibi bir şey geçirip her şeyi yine alt-üst ediyordum. Deneme yanılmalarla, soru cevaplarla, anladım ki içi toz dolu bir sandığı üstten temizlemekle olmuyordu bu iş. Cesaretimi toplayıp, o sandığı açıp her parçayı elimden geldiğince tek tek ve yavaş yavaş temizlemeliydim.

Ancak bunu nasıl yapacağımı bilmiyordum. YouTube'da Adem Güneş'in 'Pedagoji Okulu' videolarını izlemeye koyuldum. Podcast'te Çocuk Deyip Geçmeyin programına odaklandım. Onarımın nasıl bir şey olduğunu bu kaynaklardan parça parça öğrenmiştim.

Kendimi onarabilmek için önce yalıtıma girmem gerekiyordu. İçimde oluşan direnci kırıp yalıtım sürecine başladım. Bu hiç de kolay olmadı.. Zorlanmaya başladım... Kendimle yüzleştim yalıtım süresi içinde... Aslında ne kadar da yapmacık davranışlarım olduğunu, oyalanma davranışlarına nasıl da ihtiyaç duyduğumu oyuncaklarım elimden alınınca fark ettim... Kendimle yüzleşmek çok acıydı. Fakat içimdeki yaralı yanlarımı onarmaya başlamıştım... Dayanamayacağımı düşündüğüm çok zamanlar oldu. İnatla direndim. "Kendimi onaracağım" diye diye direndim. Gerçek kendimi tanımak için duyduğum heyecanla sürecimi bırakmadım. Düştüm kalktım ama devam ettim.

Dinlediklerim, okuduklarım ve izlediklerimle içime nasıl derinleşeceğimi öğrendim. Tozlu sandığın içindeki duygularıma temas etmeye başlamıştım. Sürecimi adım adım ve inançla sonlandırmayı başardım.

Onarımdan sonra insanın gerçek kendiyle tanışması tarifi imkânsız bir şey. Gökyüzünde süzülmek gibi, sanki kâinata yeniden gözünü açmak gibi... Kendine değer vermek, kendini sevmek, kendini kucaklayabilmek, insan olmanın tadına varabilmek. Yaşamı iliklerine kadar hissedebilmek...

Umarım herkes kendini onarır, çocukluk yıllarından beri biriktirdiği olumsuz hislerden kurtulur. Ruhsal özgürlüğünü elde eder. Bunun için "Uzmana gitme imkânım yok" diyen kişiler için bence Adem Hoca'nın videoları, podcast yayınları epeyce bilgilendirici. Ben bu yolda yürürken sevgili Adem Hocamın videolarından ses kayıtlarından çok faydalandım. Yeter ki kendinizi onarmak isteyin... İyi ediciniz içinizde...

Saime K.
Öğretmen

Onarıma başlamadan önce buna ihtiyacımın olduğunu fark etmemiştim. Benim dışımda herkes hatalıydı ve kendini düzeltmesi gerekiyordu.

O dönemde ailevi olarak zorlu bir süreç yaşıyordum. İçinde bulunduğum sancılı dönem için bir umut ışığı arıyordum. Kıymetli bir yakınım Adem Güneş'ten bahsetti. Kendimi onarmak gibi bir niyetim yoktu başlangıçta. Çünkü onarılacak yanımın olduğunu düşünmüyordum. Sadece bu zor süreçte bana destek olacak birine ihtiyacım vardı.

Onarımın ilk iki seansında hissettiklerimi asla unutamam. Yıllardır bir valizin içinde taşıdığım gerekli-gereksiz yüklerle yüzleşmek en zor kısımdı. İçime doğru derinleşmek, duygularımın zarara uğramış yanlarını görmek beni derinden sarsmıştı. Sorunu hep çevremde ararken kendi içimdeki hassas yanlarımla karşılaşmak tuhafıma gitti. Kabullenmekte zorlandım. Ne yani, karşımdaki kişilerin hiç suçu yok da ben mi hassas davranıyordum... Durum tam böyle olmasa da gerçek olan şuydu; yaşadığım olaylar karşısında patlamalarım büyük oluyordu. Bir birim olumsuzluk karşısında on birim tepki veriyordum. Adım adım içime derinleştikçe kendimle yüzleşiyor, duygularımın acıyan yanlarını ellerimle dokunur gibi hissediyordum.

Zehirli taraflarımı arındırırken kendimi garip hissetmeye başladım. Üzerimden bir ağırlık kalkıyordu sanki. Adeta dünyaya gözlerini yeni açmış bir bebeğin elini ayağını nereye koyacağını bilememesi gibi şeydi yaşadıklarım; şaşkınlık, merak ve dünyayı ilk defa görüyormuş gibi hayretler içinde kalakalmak gibi bir şey... İçime doğru derinleştikçe, korkuyla karışık bir huzur hissiyle karşılaşıyordum. Geçmişte muhtelif kişilerden ve ortamlardan doldurduğum zihin ve kalp acılarından kurtuluyor, arındığımı hissediyordum.

Onarımdan sonra çevremdeki kişilerin bana bakışı da değişti. Artık agresif ben gitmiş, yerine keyifli huzurlu bir ben gelmişti. Benim düzelmeyeceğimi söyleyen kişilerin yaşadığı şaşkınlığı görmek keyifliydi. Sahte benlikle girdiğim hallerden ve her türlü savunmadan uzak bir dinginlik içinde genişlemiş olduğumu görmeleri ve hissetmeleri, onların da onarıma olan inançlarını kuvvetlendirmişti.

Demek ki insan değişiyormuş, ölüm dışında her şeyin çaresi varmış. Hem de öyle uzakta filan da değil, içimizdeymiş...

Rumuz: İnci
Öğretmen

Sosyal ilişkileri sürdürmekte, duygularımı yönetmekte zorlanıyordum, her şeyden şikâyet ediyordum, alıngan ve kırılgan bir yapım vardı. Hatta bazen iç seslerim "Ölsem de kurtulsam, bu nasıl zor bir dünya!" dedirtiyordu bana. Ama ben inançlı, eğitimli ve iyi bir ailede yetişmiştim. Bunları düşünmemem, böyle hissetmemem lazımdı...

Daralıyor, oğlumla keyif alamıyordum. Dişlerimi sıkıp sabrediyor, gün boyu oynuyor, çok yoruluyor ama yine çocuğumu doyuramıyordum. Sanki aramızda bir şey eksikti... Bunu hissediyor ama adını koyamıyordum. Gerildiğimde, çocuğuma zarara vermemek için öfkemi başka yerlere boşaltıyordum. Anneliği beceremiyordum... Oğlum bir buçuk yaşına gelene kadar bir şekilde yürüttüm. Ancak bir süre sonra davranışları çok değişti, yüzüme vurmaya, beni ısırmaya başladı. Sanki bana "Anne, duyguların, mimiklerin nerede? Benimle konuş, benimle duygusal iletişim kur!" der gibi beni çok zorladığını fark ettim. Bu acı hislerim taa diplerinde anne olmaya çalışan benliğime bıçak gibi saplanıyor ama yine de bir şey yapamıyordum. Elim kolum bağlı gibiydi. Cahil bir anne değildim, hatta çok da bilgiliydim. Çocuk eğitimine dair birçok şeyi biliyordum... Ancak bunları uygulayacak gücüm yoktu. Donup kalmış gibiydim. Kendimi ve oğlumun davranışlarını gözlemledikçe duygularımı onarmam gerektiğini iyice anladım.

Karar verdim, kendimi onaracaktım. Kararlıydım. Randevu aldım. Ancak eşim bu kararıma rıza göstermedi. Maddi sıkıntılarımız vardı. Tekrar aradım, randevuyu iptal ettim fakat kararımdan vazgeçmedim, "Ben evde kendi kendimi onaracağım" dedim. Ancak irade noktasında sıkıntılarımın olması, kafamın ve duygularımın çok karışık olması, eşime karşı edilgenliğim, önümde tam bir yol haritamın olmaması beni zorladı. Bana yol gösterecek birine ihtiyacım vardı. Altı ay kadar süren sancılı bir süreç sonunda yeniden destek alarak sürdürmeye karar verdim.

Onarım sürecine başladım. Acaba faydasını görecek miyim diye düşünüyordum. Acaba yalıtım bu kadar gerekli miydi? Yalıtımı eşime, geniş aileme nasıl açıklayacaktım? Eşim duyduklarına kesinlikle karşı çıktı. Tatil zamanı ne yalıtımıydı! Gelen misafirlere nasıl gelme diyecektik... Güzel izahlar yapıyordum ama nafile. Fakat ben kararlı davrandım. Annemle babamı arayıp söylediğimde, "Tamam kızım, Allah sıkıntılarını gidersin" diye dua ettiler. Fakat bir süre sonra babam beni telefonla aramaya başladı. Yalıtım onlara da ağır gelmişti. Eşime "Ona hakkımı helal etmeyeceğim" demiş... Kendimi onarmak için çıktığım yolculukta çevremin baskısı beni daha da kötü etmişti... "Herkes nasıl çocuk büyütüyor! Bir tek sende mi çocuk var! Biz kötü mü büyüttük seni? Çocuk büyütmeyi abartıyorsun..." gibi sözler duydukça daha da zorlandım. Yalıtımda olduğum için ailemle görüşemiyordum. Babama eşim aracılığıyla mesaj gönderdim. Onları sevdiğimi, birazcık anlayışlarına ihtiyacım olduğunu ifade ettim. Kararlıydım kendimi onarmaya. Bir yandan da korkuyordum, ya başaramazsam diye içimde tuhaf bir telaş vardı... Değer miydi bu kadar kişiyi karşıma almaya... Ancak korkularım birkaç hafta içinde yok oldu. Onarıma ait güzel hislerin kıvılcımlarını içimde hissetmeye başladığımda daha da sarıldım bu işe.

Adım adım içime doğru derinleştikçe annelik duygusunun tadına eriştim. Öyle keyifli bir annelik duygusu varmış ve ben bundan hiç haberim olmadan yaşıyormuşum. Hayat öyle güzelliklerle doluymuş ama göremeden zaman akıp gidecekmiş. Gözümde büyüttüğüm zorluklar, insan ilişkilerindeki karmaşalar, saygın bir birey olamadan geçen ömrüm böyle devam edecekmiş. Ve kendin olmak, birey olmak, kendinle barışık olmak gibi duyguları yaşamak bambaşka bir şeymiş... Demek ki insan değişebiliyormuş... Onarımın lezzetini yudumlamaya başladıkça inancım ve iradem de güçlendi. Aynı zamanda içimde fırtınalar kopuyor, sanki üstü örtülmüş yaralarım bir bir ortaya çıkıyor, her bir yanım iyileşmek istiyor gibi çırpınıyordu. Yüzüme bir gülümseme oturmuştu, uzun süre öyle sessizce oğlumu, doğayı seyretmek istiyordum. Eskiden kulağımı tırmalayan sesler şimdi ruhuma müzik sesi gibi geliyordu. Beni daraltan çocuk sesleri, sınıftaki öğrencilerin sürekli konuşması artık beni rahatsız etmiyor, içimin genişlediğini hissediyordum. Hırçın, her şeyden şikâyetçi olan halim gitmiş; herkesi, geçmişi, kendimi affedebilen bir ruh gelmişti benliğime. Daralmalar zaman zaman yine kendini gösterse de artık kalbimde, hislerimde neler oluyor deyip yönetebilmeyi öğrenmek muhteşem ötesi bir güç veriyor insana.

Duygularımı canlandırdıkça içimde sürekli dua etme isteği oluştu. Teşekkür ederim Allah'ım. İnsana kendini onarmak imkânını verdiğin için...

Emine Y.
Matematik Öğretmeni

Onarım kelimesini sonradan öğrensem de, yalıtımı bir arkadaşımın uyguladığı süreçten ve yeni halinden bahsetmesiyle duydum ilk defa. O günlerde içimdeki daralmaların bebeğim büyüdükçe artacağını fark ediyor ve bir şeyler yapmak için çareler arıyordum. Çok istesem de şartlarım bir uzman desteği almaya elvermiyordu. Kendi kendime bir şeyler yapmak zorundaydım. Bir süre düşündükten sonra "Ben de yalıtıma gireyim" dedim. O güne kadar, içimde ne olup bittiğiyle, çocukluk hayatımın bendeki izleriyle, eşimle ve insanlarla iletişimimle ilgili belli düzeyde farkındalığım olsa da problemlerimin çoğunu çözememiştim. Hatta bu farkındalıklar daha da zorlanmama neden oluyordu. Hayatım boyunca çözüm adına birçok şey denemiştim bunu da denesem ne çıkardı. Zaten bulduğum çareleri denemekten başka da elimden bir şey gelmiyordu...

Yalıtıma başladığımın öncesindeki akşam güzel hislerle doluydu içim. Ruhum sanki bir şeyler hissediyor, Ramazan öncesi akşamları gibi tatlı bir esinti kalbimi okşuyordu. Bu hisler ne kadar isabetli bir karar aldığımın teyidiydi sanki.

İlk günün sonunda başlayan daralma ve bunaltı ilerleyen günlerde daha da arttı. Rehberim olsa o günlerde danışmaya çok ihtiyacım vardı. Şimdi baktığımda aslında yalıtıma dair çok az şey bilerek başlamışım diyorum. Bildiğim sadece 4 hafta kimseyle görüşemeyeceğim, telefon ve kitaptan uzak duracağım idi. Yalıtımı sadece arkadaşımın bahsettiği kadarıyla öğrenmiştim. İlk günden başlayan bu ruh halinden sonra çare ararken, arkadaşımla iletişim kurduğumuz forumdaki yazışmalardan öğrendim bazı egzersizler olduğunu ve YouTube'da Pedagoji Okulu videolarında bunlardan bahsedildiğini. Egzersizleri bir iki denesem de başaramadım. Daraldıkça artan eşimle kavgaların daha kötüye gideceğinden ve uykusu bozulan 7 aylık bebeğimin daha da olumsuz etkilenmesinden endişelenerek oyalanma davranışlarına yöneldim. Aslında daha ikinci günden forumda yalıtım haberini verdiğim mesaja yazılan cevapları okuyarak bozmuşum yalıtımı. Yalıtımın kurallarını tam uygulayamıyorum diye içim içimi yese de, yalıtıma ve tanıdığım insanlarla görüşmemeye devam ettim. O süreç içinde bana rehberlik ettiğini umduğum birkaç rüya da umudumu beslemişti.

İlerleyen günlerin birinde fark ettim ki; aslında ben eşimde kusur bulmak için gayret ediyordum. Yani adam ne yaparsa yapsın ben bir problem bulacaktım. Bunu fark etmek benim için gerçekten büyük bir adımdı ve değişiminin başlangıcı oldu. Eşimle ilişkimde artık sadece onu suçlamak ve kendimi kurban olarak görmekten, kendi bakış açımın algımı ve duygularımı nasıl etkilediğini görmeye doğru bir yöneliş oldu bu farkındalık.

Yalıtım bittikten sonraki haftaların birinde kalabalık bir ortamda fark ettim ki içimde farklı bir genişlik var ve etrafımdaki insanlar gibi otomatik davranmıyorum. Bu fark ediş yapamadığımı düşündüğüm yalıtım sürecinin yine de boşa gitmediğini görmeme, umudumun ve şevkimin artmasına vesile oldu. Uzmanla görüşemediğim için, sürecimi hangi imkânı bulursam elden geldiğince değerlendirmekle yürütmeye çalıştım. Dışarıdan bakınca çoğu kişiye bir arpa boyu yol denebilecek düzeyde gelebilir belki. Ama içinde bulunduğum şartlar ve tüm imkânsızlıklara rağmen onarımı yürütmeye çalışırken yaptığım içsel yolculuk, oldukça kıymetli ve yoğundu...

Onarıma başladıktan yaklaşık bir yıl sonra içimin derinlerinde kazarak ulaştığım yerde kendim olmadığımı idrak ettim. O an gerçek halimi gördüm. Nasıl da kendimi sakladığımı, kendim olarak yapıp ettiğimi ve söylediğimi sandığım çoğu şeyin asıl benliğimi saklama çabası olduğunu... İçteki bu halimin, dış dünyada içinde bulunduğum durumla !!! nasıl da denk düştüğünü fark ettim.

Onarımın bana faydasından bahsetmek gerekirse, kurban psikolojisini yani; kendimi çevresel şartların kurbanı olarak görmeyi, elimde olmayan şartların kurbanı gibi yaşamak zorunda olduğum düşüncesini ve bunun neden olduğu çaresizlik hissini, yaşadığım ve hissettiğim kötü şeyler için etrafı suçlamayı bıraktım.

Nurhayat Y.
Bilgisayar Mühendisi

Çocukken kendimizi tanımladıklarımız, başkalarının gözünden kendimizi tanıyışımızmış meğerse... Bazen çalışkan, bazen bağıran, çok akıllı, annesine yardımcı, kardeşini çok seven, kıskanmak nedir bilmeyen, annesine eziyeti olmayan, iştahı yerinde, aman da ne iyi yemek yiyen, aman da kardeşine sahip çıkan, nasıl da zeki, dikkatsiz, şımarık, arsız, edepsiz, meymenetsiz, dik kafalı... En çok duyduklarınızla en az duyduklarınız arasında şekillenen bozuk bir kendilik.

En çok aferini nerede aldıysa, en çok neyle ilgi gördüyse oraya gitme gayretinde şekillenen kişilik...

"Bunu yapmazsan senin için şöyle derler, bunu yaparsan böyle olursun"lar arasında geçmiş çocukluk.

Öteki, beriki, aşağıdaki, yukarıdaki, standartlar içinde, kalıplar içinde bir benlik... Her şeyden bir parça, kendinden eksik...

Kendini bir kimliğe oturtabilmek için, öyle ya da böyle olabilmek için kendinden uzakta geçen bir ömür parçası.

Başkalarının gözünden kurduğu sahte kendilik ile 30'lu yaşlara gelmiş ancak hâlâ sağa sola savrulan biri. Peki nedir bu savruluş? Nedir içimdeki bitmek bilmeyen bu yangın? Nedir durup durup etrafıma yansıttığım bu öfkem? Nedir çocuğuma karşı olan bu tahammülsüzlüğüm?

İşte orada mucizenin başladığı bir yer var. Biri çıktı karşıma, tuttu ellerimden. Orada başladı iç yolculuğum... Hayatımın en önemli ve güzel yolculuğu. Başlangıçta çok zorlandım, çok emek verdim, bazen pes etmek istedim... Tanımlayamadım içimdeki hisleri, acıları... İlerledikçe, derinleştikçe keşfettim kendimi, ilerledikçe gördüm ben sandığımın, bildiklerimin, standartlarımın sahteliğini... ve hepsinin tek tek yıkıldığını. Yıkılan her bir halle, kendinde var olanı görebilmek... İşte esas keyif orada... İlerlemek büyük keyif, hayattan alınan tadın artması büyük keyif... Kendimden tat alabilmek, çocuklarımdan tat alabilmek, kendimi sevmek ve her şeyin önünde önce kendime kıymet ve değer verebilmek çok güzel...

Mecit A.
Bilgisayar Mühendisi, Almanya

Kızıma ve eşime her kızıp bağırdığımda ve sonra pişman olup onlardan özür dilediğimde tarifi imkânsız acılar duyuyordum. Fakat acılar bir sonraki öfkeme engel olmuyor, kendimi durduramıyordum. Ben bu halde iken bir yandan da eşim kendini onarmaya çalışıyordu. Ondaki değişiklikleri gördükçe ben de kendimi onarmam gerektiğine inandım. Eşim bana bunu ilk teklif ettiğinde tepkisel davranmıştım. Kendimin bu olduğuna, hiçbir şeyin değişemeyeceğine inanıyordum. Sadece sinirliydim, beni sinirlendirmeseler sorun kalmayacaktı. Onarıma başladığımda ne kadar yanıldığımı anladım. Bir yandan iş hayatım devam ediyor, diğer yandan yalıtım yapmaya çalışıyordum. Bu benim için oldukça zordu ama her geçen hafta içimde tuhaf bir rahatlama hissetmek beni cesaretlendirdi. Daha sıkı sarıldım onarım sürecime. Bir yandan YouTube'da 'Pedagoji Okulu' videolarını seyrediyor, hiçbir bilgiyi kaçırmamaya çalışıyor, diğer yandan egzersizlerimi yapıyor, içime derinleştikçe onarılacak ne kadar çok yanımın olduğunu fark ediyordum. Yıllar sonra ilk defa yaşamımı bir film seyreder gibi seyretmeye koyuldum, çocukluk yıllarıma odaklandım. Bana sevinç dolu gibi görünen çocukluk yıllarımın karanlık yüzüyle karşı karşıya kaldım. Her egzersizimde kendime daha çok bakabildim... Baktıkça daha çok görebildim... Duygularımın zarara uğramış yanlarını fark edebildim... Öfkemin kendi içimde olduğunu gördüm, dışımda bir şey aramaya gerek yoktu... Ve adım adım adım içimde bir rahatlık hissettim... Artık eskisi gibi öfke nöbetleri geçirmiyordum. Önceden sinirlenip kızdığım, öfkelendiğim şeylere şimdi tebessümle bakabiliyorum. Enerjim arttı. Eşimle ve çocuklarımla bağım kuvvetlendi. Artık kızımla saatlerce oyun oynayabiliyorum. Hem de hiç sıkılmadan... Onun çocuksu davranışlarına sinirlenmiyorum. Beni hassaslaştıran değersizlik hislerim, yetersizlik duygularım neredeyse kalmadı. Önceden bu türlü konular bana çok anlamsız gelirken, artık içime yönelmekten, duygularımı dinlemekten, kendimle baş başa kalmaktan çok zevk alıyorum. Eskiden, duvara bir resim asacakken bile gerilim yaşar, ter içinde kalır, işler yolunda gitmediğinde çerçeveye kızar, çekice kızar, duvara kızardım. Şimdi o halimden eser kalmadı. Hiçbir işte kendimi yetersiz hissetmiyorum. Çocuklarımla çocuklaşıyor, el âlem ne der diye onlara kızmıyorum. Alışveriş merkezlerinde, sokakta, parkta onlarla birlikte oyunlar oynamaktan utanmıyor, sıkılmıyor, hatalı davranışlarına öfke duymuyorum. Dışarıda yetişkin bir beyefendi olmanın keyfini yaşayabiliyorum.

Meryem A.
Ev Hanımı, Almanya

Büyük kızımın doğumundan sonra öfkem ve gerginliğim iyice artmıştı. Çocuğuma yetemediğimi hissediyordum. Enerjim kısa sürede tükeniyor, tahammülsüzleşiyordum. Her şey yolunda olduğunda çocuklarımla iyiydim, ancak bazı zamanlar oluyordu ki sanki içimden canavar çıkıyordu. Kendime hakim olamıyordum. Çocuklarımla geçirdiğim her kötü günün gecesinde kızım hıçkırıklarla ağlayarak uyanıyor, gece terörü yaşıyordu. Fakat ben bu kötü günlerin sebebini eşimde buluyordum. Farkındalığım yükseldikçe asıl sorunun bende olduğunu anlamaya başladım. Çocuklarıma ve eşime bunu yaşatmaya hakkımın olmadığını düşündüğümde kendimi onarmaya karar verdim. Daha önce onarım hakkında bilgim yoktu. Süreç başladığında zorlandım. İçimde bir ses, bırakmam gerektiğini söylüyordu. Egzersizleri yaparken birkaç dakika bile yerimde oturmaya tahammülüm yoktu.

Seanslar ilerledikçe kendimi daha iyi hissetmeye başladım. Hafifliyordum. İçimde hissettiğim öfkeler artık bedenimi terk ediyordu sanki. Sesim daha sakin, sevgi dolu olmaya başladı. Artık duygularımla değil aklımla karar verebiliyordum. Çok belirgin bir

karanlık korkum vardı. Eşimin evde olmadığı gece-
lerde, bir odadan diğerine gitmeye korkardım. Şimdi
evimin her tarafında gece gündüz keyifle dolaşabili-
yorum, korkularım kalmadı. İlginç bir rahatlık içine
girdim. Artık başkalarının benim hakkımda ne dü-
şündüğü önemli değil, kendi değerimi başkalarının
gözünde aramaya gerek duymuyorum. Çünkü ken-
dimi zaten değerli hissediyorum. Kendimle barışık
olmanın mutluluğunu yaşıyorum.

Rumeysa T.
Aile Danışmanı

Onarım, bana nasılsam öyle olmam gerektiğinin kapılarını açtı. Oysa ben yıllarca benden beklendiği gibi olmuşum...

Annemin gözünde akıllı uslu, her işini kendi gören, problem çıkartmayan bir çocuktum. Hâlâ da öyle anlatıyor annem. Mesela 9 yaşımda iken bir ameliyat olacaktım. Bir gün önceden hastaneye yatırıldım. Annem ve babam beni sabah ameliyata girmek üzere, devlet hastanesinin odasında bırakıp gittiler. Yanımda yatan yaşlı bir teyze vardı, o da sabah benimle birlikte ameliyata girecekti. Öyle korkuyordu ki... Uyuyana kadar onu teselli etmeye çalışmıştım. Muayene etmeye gelen doktor bile şaşırmıştı tek başıma kalmama. Öyle kabullenmiştim yalnızlığımı. Elbette kalabilirdim, ihtiyacım yoktu, kendi başıma olabilirdim, ne olacaktı sanki... Ağlamadım bile...

Ve bunu, annem yıllarca gururla anlattı.

Onarım sırasında içimde annelik duygusuna karşı bir duyarsızlık, bir direnç olduğunu fark ettim. Bu direnç beni çocuklarımın karşısında duvar gibi, erkeksi bir hale sokuyordu. Kendimi anne-çocuk ilişkisine bırakmama izin vermiyordu. Onların gözündeki değerimi hissedemiyordum. Bunu fark ettiğimde içimde tuhaf bir acı hissettim. Seanslarda o acı ile baş başa kaldıkça, acımla dost olabildim, kabullenebildim... Onunla kavga etmeyi, içimden süpürmeye çalışmayı bıraktım. Hatta bu arada annemle kavgam da bitti.

'Anne' duygusu ile kavgam bitince, kendi kendime çocuklarımın gözündeki değerimi de hissetmeye izin verdim sanırım. Mesela dizime başını koyup uzandığında, o keyifli bırakmışlık halinin kızım için ne kadar değerli olduğunu hissettim. Eve geldiklerinde onlara kapıyı benim açacağımı bilmelerinin, sabah uykudan yumuşak ve şefkatli bir sesle uyandırılmanın, ne yaparlarsa yapsınlar, dönüp tekrar gelebilecekleri yerde olmanın değerini onların duyguları ile hissetmeye başladım.

Zeliha E.
Kamu Yönetimi

Çok yakın yaşlardaki iki çocuğuma karşı tahammülsüzleşmem, sıklıkla patlamalar yaşamam bende bir şeylerin yolunda gitmediği hissini uyandırmıştı.

Asıl sorun, beni ben yapan, bu yaşıma kadar benimle beraber olan bilinçaltımın yanlış yönlendirmeleri idi. Yıllarca duygularımı bastırmayı öğrenmiştim. Bunun beni duyarsızlaştırdığını, patlamalarımın asıl sebebi olduğunu süreç içinde öğrendim.

Seanslara başladığımda, özellikle yalıtım biraz garip gelmişti. Ancak yapmaya devam ettikçe üzerimde oluşan tesiri hissetmeye başladım. Bu, onarıma olan inancımı artırdı. Artık seanslarda Adem Hoca'nın anlattıklarını daha bir can kulağı ile dinlemeye başlamıştım. Bilinçaltımın yaşayan bir olgu olduğunu, benimle beraber yaşayan, hayatı benimle birlikte izleyen, biriktirdiği hafızayla beni 'koruyan' bir organizma olduğunu elimle tutar gibi fark ettim. Duygularıma derinleştikçe, zaten her an akmaya hazır gözyaşlarımla için için ağladım durdum. İçim kavruldu. Duygularıma eriştikçe canım o kadar acıdı ki hiçbir yere kaçamadım. Çocukluğum geldi sonra yavaş yavaş gözümün önüne... Yedi-sekiz yaşlarında bir yerlerde bıraktığım küçük kıza seslendim... Ona annelik yaptım bir süre... Galiba beni en çok etkileyen kısmı bu oldu! Kendi çocukluğumla konuştum, dertleştim, onu sevdim... Sanki çocukluğumla barı-şıyordum. Dayanılmaz bir hafiflik hissetmeye başla-dım, omuzlarım hafifledi sanki...

Aceleci bir yanım vardı, metronom egzersiziyle adım adım yavaşladığımı gördüm. Anda kalmanın dayanılmaz hafifliğini yaşadım. Muazzam bir dene-yimdi. İyi ki diyorum. Çok şükür diyorum. 33 yaşım-da ilk defa BEN ne demekmiş tattım. Özgüven keli-mesinin manasını öğrendim. Her hafta, her gün yeni şeyler eklendi hayretlerime. Kendime dair ne çok şeyi bastırdığımı fark ettim egzersizlerimle.

Onarım, bir hayat tarzı aslında. Kapıdan içeri adım attığınızda değişimin peşinizi hiç bırakmaya-cağı cinsten bir süreç. Her gün git gide derine inen, türlü türlü dehlizleri olan bitmeyecek bir süreç.

Artık duygularımı tanıyorum. Olumsuz bile olsa bastırmadan o duyguyu kabul ediyorum. Olumsuz duyguları içimde tutmuyor, bırakıyor ve rahatlıyo-rum... Kendime zırh yaptığım hassas noktalarım yok artık. Bir sorun varsa arkasındaki hissi aramayı ve bununla nasıl başa çıkacağımı öğrendim... Kaçmı-yorum duygularımdan... Anda kalıyorum... Yava-şım... Bilinçaltımın otomatik yönlendirmesi devreye her girdiğinde yeniden içime dönüyorum, akılcı çö-zümlerimi kaybetmiyorum. Kabahati başkalarında aramıyorum. Zaten artık kabahat aramıyorum. Ve benim için en önemlisi; yıllar önce bir yerlerde bı-raktığım, bir daha yüzüne bile bakmadığım, herkes-ten her şeyden daha çok ihmal ettiğim kendimi bul-dum... Onu çok seviyorum.

Özlem Ö.
İlahiyat

Onarılmaya ihtiyacım anne olunca belirginleşti. Çocuk gelişimi kitapları okudukça kendi duygularımı irdelemeye başladım. Oğlumu gözlemledikçe kendime ne kadar yabancı olduğumu fark ettim. Onu büyütürken amacım, fıtratını bozmadan, baskılamadan kendini ortaya çıkarmasına izin vermekti. Bu düşünceler bana "Ben ne kadar kendimim, gerçek ben nasıl biri acaba?" sorusunu sordurdu. Artık bir şeyler yapmam lazımdı. 'Çocuk ben'e dönmem, onunla tanışmam gerekiyordu. Bu duygular doğrultusunda onarılmam gerektiğine karar verdim.

Sürecin başlarında "Emin misin, ne yaptığını biliyor musun?" soruları, uygulamaları yaparken "Hakikaten bunlar mı işe yarayacak şimdi?" gibi iç sesler hiç eksik olmamıştı. Tereddütlerim ilk başlarda daha çoktu, ancak egzersizleri yaptıkça, içimde rahatlamalar hissettikçe bu sesler de kaybolmaya başladı.

İnsanın hislerini teker teker ele alması, anlamaya çalışmasıyla geçmişe dönmeler, hesaplaşmalar, kavgalar, kızgınlıklar, üzüntüler, korkular, tedirginlikler, değersizlikler, aşağılanmalar, alay edilmeler, çaresizlikler, nefes alamamalar... Ne varsa çıktı ortaya bolca gözyaşıyla birlikte... Ama tünelin sonunda ışığı görmek, 'çocuk ben'le tanışmak, kucaklaşmak ve bir daha bırakmamacasına sımsıkı sarılmak, o bağı yakalamak tarif edilebilecek bir duygu değil kesinlikle... Çocuk yanımla tanışmam o kadar muazzam bir duyguydu ki o huzuru tarif etmem imkânsız... Bu süreçte en büyük yardımcım oğlum oldu, onun masumiyeti, saflığı ve sonsuz enerjisi daha çok güç verdi bana, kendimi tanımama yardım etti.

Şu an tarif edilemez bir huzur, dinginlik, rahatlık, yavaşlık, güven, güç, daha çok fark etme ama daha iyi anlama, kendi üzerine almadan olaylara dışarıdan bakabilme, kısacası memnuniyet, kendini tanıyıp, sevip en derinde artısıyla eksisiyle ondan razı olma hali var üzerimde... İyi ki çıkmışım bu yola diyorum...

Hüda Ö.
Okul Öncesi Öğretmeni

Bundan önce hep bir çıkış aramakla geçti hayatım. Hüzünlü ve zor geçen bir çocukluğun ardından evliliğe attım kendimi, sevildikçe huzur bulurum belki diye. Halbuki girdap beni daha da dibe çekmişti. Kalp, kendi kan pompalayamıyorsa dışarıdan yapılan masajla nereye kadar yaşayabilirdi? Annemden öğrendiğim vericiliğin kutsallığı yanılsamasıyla iyiye gideceğimi zannederken daha da kötüye gittiğimi hissediyordum. Hiçbir şeyden lezzet alamıyordum, hayatın bir anlamı yok gibiydi. Artık bir yerden destek almam gerektiğini düşünüyordum.

İyi olmak için sanki kapı kapı geziyordum. Kız kardeşim onarıma olan ihtiyacımızdan bahsetti. O, Adem Güneş'in programlarını dinliyordu. Bana da ısrarla dinlemem gerektiğini söylüyordu ama ben o kadar halsiz ve güçsüzdüm ki sürekli erteliyordum. Bir sabah nedense dinlemeye koyuldum Adem Güneş'in anlattıklarını... Dinledikçe daralan içim genişlemeye, sıkıntılarla dolu insanların seslerini, problemlerini duydukça, dünyayı yukarıdan izledikçe, kendi çekirdek dünyam küçülmeye ve ben yavaşlamaya başladım, ama her şey hemen olmuyordu, yönümü bulamıyordum. Daha ileri aşamaya geçmem gerektiğini fark ettiğimde, kendimi onarmaya karar verdim.

Onarım sürecinde birçok şey öğrendim. İyi olmayı hep gülmek ve mutlu olmak zannediyordum, halbuki iyi olmak sekine içinde olmak, kendinde olmakmış. Çocukluk acılarıma bir bir geri dönüp dikenlerini topladım, yerine yeni tohumlar ektim ve o çocuk kendimle karşılaştım içimde... Başını okşadım, ona annelik yaptım, bazen çok isteyip yiyemediği dondurmayı aldım, dışlandığı arkadaşları içinde yanına gidip ellerinden sıkıca tuttum, "Güvendesin" diye kulağına fısıldadım. Eskiden hatırladıkça boğulur gibi olduğum çocukluğum şimdi o kadar nefret, pişmanlık ve acı hissettirmiyordu.

Eskiden çok hızlıydım; yavaşladıkça genişlediğimi, anı yaşadığımı hissetmeye başladım. Önceleri sosyal ortamlarda kaygılıydım, kendime dönüp sebeplerini sordukça cevaplar buldum. Kendini bırakmanın aslında o kadar da zor olmadığını, hatta eskiden kendimi bırakmayarak zoru seçtiğimi, yokuşlar tırmandığımı fark ettim.

Onarım sürecinde işittiğim şu söz hâlâ kulaklarımda: "30 sene böyle yaşadın, bir 30 sene daha böyle yaşama... Onar kendini... At kıymıkları kalbinden, seni sokan akrepleri çıkar içinden. Sonra dön 29 önceki çocuk haline, hüngür hüngür ağla ve affet kendini, sıyrıl acılarından..."

İyi ki bu sürece girmişim...

Fatma S.
Ev Hanımı, ABD

Kendimle sürekli çatışmalar yaşamam, etrafımdaki insanların fazlasıyla tesirinde kalmam ve bunların da etkisiyle çocuklarımla yaşadığım sorunlar onarıma olan ihtiyacımı fark etmemi sağlayan en büyük etkenler oldu. Gayem, çocuklarımın sağlıklı bir ruh haliyle yetişmelerini sağlayacak bir anne kıvamına gelmekti. İyi olabilmek ve bu kıvama ulaşabilmek için sürekli araştırıyor ve okuyordum. Bilinç düzeyinde ilerleyip farkındalık kazandığım halde **duygularımı yönetme** konusunda mesafe kat edemeyişim onarıma olan ihtiyacımı gösteriyordu.

Onarım sürecinde beni en çok zorlayan, kendimle yüzleşmek ve içimdeki dirençleri kırıp kendimi **bırakabilmekti**. Kendi içimde yıllardan beri biriktirdiğim olumsuzluklar adeta bedenen ve ruhen kasılıp kalmama neden olmuştu. Uzun süre kendimi bırakamayışım umudumu yitirmeme neden olsa da kendini bırakma egzersizleriyle hissettiğim hafiflik ve omuzlarımdaki ağrıların geçmesi umudumu arttırıyordu.

Terk depresyonu süresince iç seslerim beni sürekli eski halime çekmeye çalışıyor gibiydi. Sanki eskisi gibi depresif, kırılgan ve duyarsız kalırsam güvende olacakmışım hissi yanılsamalar yaşamama sebep oluyordu. Bu seslerin çoğu çocukken çevremden duyduğum cümle kalıplarıydı. Onların kaynağını fark etmek azalmalarını sağladığı gibi kendi duygularıma ulaşmamı da kolaylaştırdı. Yalıtım sürecinin bitmesiyle, çocukluğumdan beri kalbimde sürekli hissettiğim ağırlık, daralma hali, iç sıkıntısı da tamamen gitti ve bu bende bir canlılık meydana getirdi. Çevremdeki insanlar ve şartlar aynı olduğu halde kendimde hissettiğim bu değişimler adeta hayatımı kolaylaştırmıştı.

Onarım; hayatı, dini, insanı, aileyi yeniden anlamlandırmamı sağladı. Değerli olmak için insan olmanın yeterli olduğunu idrak ettirdi. Kadın olmanın, anne olmanın keyifli bir hal olduğunu öğretti. Doğanın bir parçası olduğumu hatırlattı. Ama bunların çok ötesinde benim için onarımın en lezzetli tarafı, sahip olmadığım özelliklerden dolayı utanıp kendimi gizlemek yerine, olduğum gibi var olabilmekti.

Fatıma Z.
Ev Hanımı, ABD

Ben 40 yaşında, iki çocuklu, babasız büyümüş biriyim. Adem Bey'i ilk olarak programları vasıtasıyla tanıdım. Annelik Sanatı kitabını okuduğumda içimdeki kızgınlıkları ve eşime duyduğum öfkeyi anlamlandırmaya başlamıştım. Fakat bir süre sonra kitap okumayı ve çocuk gelişimi programlarını dinlemeyi bıraktım. Yaklaşık 6 yıl sonra, büyük çocuğumla temasımız azaldığında, çocuğum zamanını sanal ortamda geçirmek istemeye başladığında, kendi bakış açımıza göre farklı problemler yaşar hale gelince çözüm yolları ararken bir dostumun tavsiyesi ile tekrar karşıma çıktı Adem Bey. Can dostum, YouTube'da onarım programını izlediğini ve çok faydasını gördüğünü anlattı. Benim de muhakkak dinlememi tavsiye etti. Çocuk dünyasını keşfettikçe, onarılmaya olan ihtiyacımı da fark etmeye başladım... Kendimi onarmaya işte o zaman karar verdim... İlk görüşmemizde Adem Bey "Neden onarıma ihtiyacımız var?" videolarını seyretmemi önermişti. Fakat ben 5 dakika dahi dayanamıyordum, içim daralıyordu. Sonunda yalıtıma girdim ve onarım sürecim başladı. Yalıtım ile tüm çevremle görüşmelerim kesildi, telefon, internet ve sosyal medyadan koptum... Bu durum başlangıçta çok korkuttu beni. Özellikle çocuklarla internetsiz nasıl zaman geçireceğim diye telaşa kapıldım. İlk hafta çok sıkıldım. Egzersizler ne zaman bitecek diye düşünüyordum hep. Hissi hissetme egzersizini tam yapamıyordum. Ancak ilk haftanın sonunda kalbimin yerinden çıkacakmış gibi attığını, kaburgamı hareket ettirdiğini hissettim. Bu beni memnun etti ancak kalbimi duymaya başlamam aynı zamanda kalbimdeki sızıları da artırmıştı. Bıçak sokuluyormuş gibi hissediyordum kalbime. Hatta doktora bile gitmeyi düşündüm. Adem Bey "Bu süreçte olabilir" deyince rahatladım... İkinci haftanın sonunda içimdeki küçük çocukla görüşmeye başladığımda çok garip hissettim kendimi. Kendimi çocuk halimle görebilmek, onunla yetişkin halimle temas kurmak çok değişik bir duyguydu. Ancak bir sorun vardı, çocuk konuşmuyordu benimle... Bana küsmüş gibiydi... Dördüncü haftaya yakın büyük bir patlama (ağlama krizi) yaşadım. Yaklaşık 15 dakika doya doya ağladım. Öyle ki bu ağlama birkaç gün boğazımın ağrımasına neden oldu. Bundan sonra içimde büyük bir boşluk, tuhaf bir rahatlama hissi oluştu. Bunun gibi iki kriz daha yaşadım. Bu yaşadıklarımdan sonra içimdeki çocuk benimle konuşmaya başladı ve ben çok farklı hissettim. Garip bir huzur hali, dinginlik vardı. Önceden evi toparlamak, temizlik yapmak zor gelirdi, artık evimi derli toplu görmek ve temizlik yapmak beni mutlu ediyordu. Çocuklarım okuldayken onları özlemeye, bir an önce eve gelsinler diye düşünmeye başladım. Onlarla oyun oynamaktan keyif alıyordum artık. Onlara şefkatle bakmaya, ne kadar masum ve tatlı olduklarını görmeye başladım. Onlar benim malım değil emanettiler, evimizin en değerli misafirleriydiler. Onların sahibi ben değildim, kendimi yönetemediğim için istediğim gibi bağıramazdım. Eşimle de tartışmalar yaşardık bu süreçten önce... Süreç başladıktan birkaç hafta sonra çatışmalarımız azaldı ve onu huzur kaynağım gibi hissetmeye başladım... İlk evlendiğimizdeki gibi bakabiliyordum artık ona. Aileme hizmet etmek benim için kendimi hizmetçi gibi görmekten çıkmış, sevdiğim insanları mutlu etmek anlamına gelmişti. Kendimi daha dingin ve huzurlu hissediyordum. Ani patlamalarım neredeyse bitmişti.

Şimdi etrafımdaki insanların sabırsız ve sinirli hallerini görünce, keşke herkes kendini onarsa diye düşünüyorum.

Onarım süreci tamamlanıp yalıtımdan çıktıktan sonra görüşemediğim arkadaşlarımla görüşmeye başladım... İlk görüştüğüm arkadaşım beni çok sakin bulmuştu. Lise arkadaşımla konuştuğumda bana "Sana ne oldu?" dedi. Eski halimin daha iyi olduğunu söyleyenler oldu... Bense kendim olmanın keyfini yaşamaya başlamıştım... Eşimin de bu onarımı almasını isterdim fakat birine zorla bir şey yaptırılamayacağını tekrar idrak ettim. Adem Bey'in "Sen kendini iyi et, onlar da senden etkilenecekler" sözü umut oldu.

Hayata farklı bakıyorum artık, on ay önceki halimden farklıyım, fakat bir ay önceki halimden de farklıyım. Bana ait olmayan duyguları bıraktıkça, bu konulardaki kitapları okudukça, Adem Bey'in videolarını izledikçe, etrafımdaki güzellikleri gördükçe, kâinat kitabını okudukça kendimle barışıyorum, kendimi iyi hissediyorum...

Suzan Y.
Ev Hanımı, California

Kimi insan yaşam deneyimlerine sıkı sıkıya tutunur; "Bizim zamanımızda böyleydi, biz böyle gördük" der... Kimisi ise deneyimlerinden sonuçlar çıkararak kendini geliştirir, hataların kendinden sonraki nesilde devam etmemesi için çaba gösterir.

Ben ikincisini tercih ettim.

Kızımın okula başladığı dönemde evde yalnızdım. Çocuklarımı nasıl daha iyi yetiştirebilirim diye araştırdığım sırada Adem Bey'in YouTube'daki 'Pedagoji Okulu' videolarıyla tanıştım.

Bir iki video seyrettikten sonra, hepsini baştan sona izlemeye, dinlediklerimi yazmaya, yazdıklarımı zaman zaman tekrar okumaya, kendimce küçük defterden kitaplar oluşturmaya başladım.

O dönem, öğrendiğim şeylerle çocuklarımla ilişkimdeki eksikliklerimi fark ettiğim zamandı. Adem Hoca anlatırken, "İşte tam benim yaşadıklarımı tarif ediyor" dediğim çok oldu. Ama kendimdeki olumsuzlukları düzeltebileceğimi pek tahmin etmiyordum. Çünkü yılların yaşanmışlıklarıyla bu duygulara sahip olmuştum. İnsan değişebilir miydi ki...

Bir süre sonra büyük kızımla ilgili daha derin problemler yaşamaya başladık. Adem Hoca'ya ulaşmak nasip oldu ve yaptığımız yüz yüze görüşmede onarılmaya ihtiyacımı en derinden hissettim. Eşimin de desteğiyle onarım sürecim başladı.

Bu süreci etrafımdaki insanlara açıklamak benim için biraz zordu. Özellikle yalıtımı kime nasıl anlatacaktım? Ancak kararlıydım ve yalıtıma girdim. Haftalar geçtikçe içime doğru derinleşiyor, derinleştikçe yaralarımı görüyordum. Acılarımla yüzleşiyordum. Bir yandan acı duyuyordum, bir yandan tuhaf bir rahatlama hissi yayılıyordu içime. Bu süreçte kendimdeki değişiklikleri sadece ben değil, eşim de fark etmeye başlamıştı. Bu, ikimizin de çok hoşuna gidiyordu. Bir yandan duygularımı onarıyordum, bir yandan farkındalığım artıyordu. Hayatımdaki herkese iyi davranmaya, kimseye zarar vermemeye çalışırken, asıl kendime, kendi duygularıma kötü davrandığımı, en büyük haksızlığı kendime ettiğimi fark ettim bu süreçte.

Kendine değer vermenin, hep düşündüğümüz gibi **bencillik** olmadığını, aksine insanın kendisiyle barışması olduğunu anladım süreç içinde. Kendi ile barışık olmanın çok sıcak, tatlı bir duygu olduğunu iliklerime kadar hissettim. Farklı farklı duygular tatmanın keyfini yaşamaya başladım. Hissettiğim bu sıcak duygular beni tebessüm ettirmeye, mutlu etmeye başladı. Eşime, çocuklarıma gösterdiğim olumlu davranışların neticesinde onların yüzlerindeki ifadenin ete kemiğe bürünmüş şeklini görmenin mutluluğu paha biçilmezdi.

Bu süreçte yardımını ve desteğini hiç esirgemeyen eşime, bütün bilgi birikimini, her türlü iletişim yolunu kullanarak anlatmaya, aktarmaya çalışan Adem Bey'e ve ona bu yönde destek olan herkese teşekkür ederim.